中国证券博物馆

CHINA SECURITIES MUSEUM

2022年第 2 辑　总第 8 辑　　中国证券博物馆 编

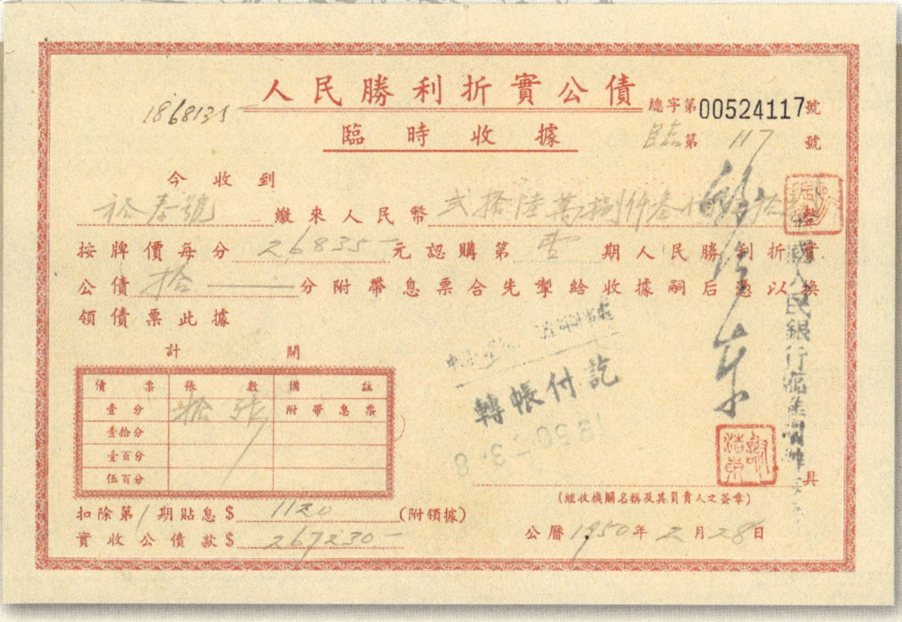

人民勝利折實公債　總字第00524117號

臨時收據　第　號

今收到　繳來人民幣

按牌價每分　元認購第　期人民勝利折實公債

分附帶息票合先掣給收據嗣后憑以換領債票此據

計開

債票	張數	摘要
壹分	拾張	附帶息票
壹拾分		
壹百分		
伍百分		

扣除第　期貼息$　（附領據）

實收公債款$

轉帳付訖

（經收機關名稱及其負責人之簽章）

公曆1950年　月　日

1950 年发行的人民胜利折实公债（中国证券博物馆馆藏）

中国金融出版社

责任编辑：曹亚豪
责任校对：刘　明
责任印制：王效端

图书在版编目（CIP）数据

中国证券博物馆．2022年．第2辑：总第8辑 / 中国证券博物馆编．—北京：中国金融出版社，2022.12

ISBN 978－7－5220－1799－0

Ⅰ．①中…　Ⅱ．①中…　Ⅲ．①证券市场—史料—中国　Ⅳ．①F832.97

中国版本图书馆CIP数据核字（2022）第194913号

中国证券博物馆．2022年．第2辑：总第8辑
ZHONGGUO ZHENGQUAN BOWUGUAN. 2022 NIAN. DI-2 JI: ZONG DI-8 JI

出版
发行　中国金融出版社

社址　北京市丰台区益泽路2号
市场开发部　（010）66024766，63805472，63439533（传真）
网 上 书 店　www. cfph. cn
（010）66024766，63372837（传真）
读者服务部（010）66070833，62568380
邮编　100071
经销　新华书店
印刷　北京侨友印刷有限公司
尺寸　215毫米×280毫米
印张　5.5
字数　108千
版次　2022年12月第1版
印次　2022年12月第1次印刷
定价　36. 00元
ISBN 978－7－5220－1799－0

| 联系我们 |

电话：021-68607522 邮箱：yongzhang2@sse.com.cn

地址：上海市虹口区黄浦路 15 号 邮编：200080

CONTENTS

CONTENTS

博物馆动态

博物馆启事

讲述

我与《证券市场周刊》

方 泉

1991年9月，我应聘到中国证券市场研究设计中心，参与创办《证券投资周刊》。1992年2月17日《证券投资周刊》试刊号编辑出版（同年7月更名为《证券市场周刊》），从这一天开始，我正式成为周刊记者，从记者到采访部主任、驻上海记者站主任、编委，一直做到主编、副社长。2008年，我离开了《证券市场周刊》，先是在新华财经传媒做总编辑，2012年开始在《融资中国》杂志做总编，直至退休。

进入联办

1988年底，国家体改委和中国人民银行总行牵头，由中国新技术创业投资公司、中国农村信托投资公司、康华发展总公司和中国工商信托投资公司4家公司发起，举办了一系列专题会议，讨论和研究在北京成立全国性证券交易所的可能性和实施步骤。4家公司会同改革开放后最早一批留学海外学金融、法律的专家学者王波明、高西庆、李青原、王巍等人，组成了松散形式的证券交易所研究设计小组。这些留学生接触或参与了美国的资本市场，回国后撰写并向有关领导提交了《中国证券市场创办与管理的设想》（也称白皮书），包括《筹建北京证券交易所的设想和可行性报告》《建立国家证券管理委员会的建议》《建立证券管理法的基本设想》等。在相关领导

图 1 《证券市场周刊》早期编辑部人员合影，从左至右分别为方泉、邱小维、刘霄、贺旭东、傅少红、息曙光

和国内金融机构的支持下，由 9 家全国性非银行金融机构发起，每家出资 50 万元，共筹资 450 万元，成立了由国务院体改办主管的半带政府色彩半带民间研究机构性质的证券交易所研究设计联合办公室（简称联办），目的是要在北京建立证券交易所。1989 年 3 月 15 日，联办正式成立。1991 年 12 月，更名为中国证券市场研究设计中心。李青原对联办有自己的解释："联办，就是大家联合起来办事，联合起来才能办成事。"

因为我此前发表过中篇小说，出版过诗集，联办的一位专家介绍我去应聘。他们看过我的履历和文章后说，我们这儿全是学金融、财务和法律的，正缺一个文字功底好的。就这样，我进了联办。我的工作是编辑内部刊物《联办通讯》。在做日常工作的同时，我跟戴小京开始筹划《证券市场周刊》，这是最早的"七报一刊"中唯一的刊物。

《证券市场周刊》的创办

联办设立时是以研究证券市场、设计集中交易场所为中心任务，初衷是希望参与交易所的管理，但 1989 年后，情况发生了变化，中央决定不在北京办证券交易所。在当时的政治经济形势下，这些已经回来的海外学子很犹豫，是返回美国还是坚信中国的改革开放而留下来走下去？就在这时，联办理事单位、九大金融机构之一的中国农村信托投资公司总经理、党委书记王岐山同志来联办跟大家座谈，出席会议的有五六十人，他说中国改革开放是不可逆转的，你们留在国内依然是大有可为的。北京证券交易所可能搞不了了，但作为证券知识、金融知识的传播者，你们应该是最有发言权的，所以建议你们留下来继续做这方面的研究。王岐山同志的建议大家接受了，既然放弃了海外的优厚待遇回国了，大家还是想在国内好好干下去。联办的中心工作就从筹办交易所改为参与设计、做相关研究。直接参与交易所管理的概率小了，他们就间接地帮助上海、深圳做一些交易所设计和研究工作，提一些建议。

在这个背景下，联办以推动证券业健康起步和规范发展为己任，编辑出版了中国第一套系统介绍专业知识的证券业丛书《证券投资学》，创办了第一个全国性证券业培训中心，办一本普及证券知识、为投资者服务的杂志也提上了议事日程。

1990 年 12 月上海证券交易所开业，1991 年 7 月深圳证券交易所正式开业，这两个交易所的开业意味着中国资本市场正式起步，中国改革开放的事业是不可逆转的。当时，沪深和沈阳、武汉、四川的金融市场已经很活跃了，民间交易着大量的股权证、准股票、基金；成都红庙子交易活跃，一时名声大振。在市场已经开始起步的背景下，联办觉得普及证券知识是早晚要干的一件事，策划通过一本杂志来传播和普

图 2 《证券市场周刊》总编王波明（右）、主编戴小京（左）、副总编息曙光（中）调查读者市场

SECURITIES INVESTMENT WEEKLY

證券投資週刊

SEEC

1992 年 3 月 15 日
创刊号
总第 1 期

中国证券市场研究设计中心主办　每星期一出版

祝贺与希望

——国家体改委主任　陈锦华——

最近，中央对加快改革步伐作出了新的部署。国务院给予上海市的优惠政策中，授权上海市在中央核定的额度范围内自己发行股票和债券，同时允许外地企业的股票到上海异地上市交易。在 1992 年至 1995 年间，允许上海市每年发行 5 亿浦东建设债券，允许上海在原定额度外每年再发行一亿人民币股票和一亿美元 B 种股票。《证券投资周刊》适逢此时创刊，虽然只是一个巧合，但也从一个侧面反映出我国确实具备了加快改革步伐的客观条件，说明我国经济体制格局已经发生了深刻变化。

利用证券形式筹资，在新中国只是近几年的事情。10 年来，国家和企业发行的国库券、债券、股票已达 2000 多亿元，为我国的经济建设筹集了大量资金。1990 年 12 月份，上海、深圳证券交易所和全国证券交易自动报价系统陆续开业以后，证券市场的作用日益为人们认识和接受：首先，它可以把一部分消费基金转化为生产基金，支持国民经济的发展；其次，发展证券市场有利于促进企业经营机制和投资体制的转变，分散投资风险，约束投资行为，降低投资成本；最后，按照产业政策批准企业发行证券，能够在较短时间内集中大量闲散资金促进产业结构调整，支持国家重点建设项目。

当然，资本主义国家的证券市场在它几百年的发展过程中出现过这样那样的问题，对它有过这样那样的认识，不少人对于我国发展证券市场心存疑虑也是正常的。证券和股市是不是资本主义独有的东西，社会主义能不能用？允许看，但要坚决地试。看对了，搞一两年，对了，放开；错了，纠正，关了就是了。关，也可以快关，也可以慢关，也可留一点尾巴。坚持这种态度就不要紧，就不会犯大错误。

目前，我国广大干部群众对证券市场的了解仍然比较少，帮助他们正确认识证券市场，积极稳妥地参与证券投资，还有许多工作要做。我相信，创办一份严肃负责的刊物，准确及时地传播证券方面的知识和信息，是十分必要的。希望这份刊物能够越办越好。

图 3　1992 年 3 月 15 日《证券投资周刊》创刊号封面

及证券知识、为投资者做切实的可操作性服务。

周刊创刊时实际上就两人：戴小京和我。戴小京当时是联办研究开发部主任，兼着杂志这边的事，我则是唯一的工作人员，跑刊号、联系印厂、联系发行。我们忙不过来，又招了刘潇管发行、付少红搞印务。人有了，但杂志内容谁来负责？虽然联办有一批金融股份制专家，像李青原、刘纪鹏等，但是要把金融语言变成老百姓喜闻乐见、通俗易懂的证券知识，我们希望由新闻媒体、新闻工作者完成转化，可是联办单位小、资金有限，招不起也招不来正式的有一定水平和经验的新闻工作者，于是另辟蹊径，瞄准一批新闻人，说服他们前来兼职。当时兼职的人包括《光明日报》的李南、《金融时报》的刘敏、中央人民广播电台的王丹燕、《金融时报》国际部的息曙光、《经济日报》经济部的贺旭东。我是唯一一个正式的编辑记者。

到 1992 年 3 月 15 日《证券投资周刊》创刊号（总第 1 期）时，《经济日报》的贺旭东、《金融时报》的息曙光决定正式加盟。待几个月后他们的调动手续办完，这两人就正式成为编辑部的领导，一个主管编辑，一个主管采访，我还是唯一的记者。

周刊创刊前，我们做过市场调研，当时有两家证券媒体，一是上海证券交易所的《上海证券交易所专刊》（后更名为《上海证券报》），二是深圳民办的内部刊物《股市动态分析》。两者有明显区别，《上海证券交易所专刊》以传递信息为主，如上市公司信息、交易所信息、国家政策信息、地方政府信息等，信息量大，但涉及的交易知识不多，比如对市场的评述很简单。也许是因为作为交易所的媒体，有其界限和规范，不能说股市，所以投资者觉得其操作实用性不够。《股市动态分析》最初是月刊，后来改成了周刊，是面向投资者的一个内刊，为市场分析型，以分析市场涨跌、个股、板块和交易方式以及提供各种各样的数据为主，但其数据分析更偏技术化，我学中文的看不懂，那些学金融的也看得云里雾里。我们还订阅了海外的报刊来学习，比如《巴伦周刊》。在此背景下，我们觉得股民投资者会

图 4 1992 年 7 月 5 日，《证券市场周刊》获批国内外公开发行。图为公开发行新闻发布会会场

越来越多，但炒股对很多人来说都是一件新鲜事儿，不管投资者具有什么样的知识背景和职业背景，都需要一本为投资者服务、引导投资者做价值投资的杂志，市场也需要信息，如果没有及时准确、广泛有效的信息传播，千万投资者无异于盲人摸象，于是我们试办了名为《证券投资周刊》的内部刊物，定位是既传播知识，也传递信息，还要引导投资者做价值投资，这一定位在当时比较新颖和稀缺，所以创刊后很快就被投资者接受了。

在很长一段时间里，周刊和《上海证券报》《中国证券报》《证券时报》被称为“资本市场三报一刊”，是证监会指定的第一批信息披露媒体。后来加上《金融时报》《中国改革报》《中国日报》以及《经济日报》（其披露权利后转给《证券日报》），变成了“七报一刊”。这种信息指定披露制度，出发点应该说是很好的，使投资者接收权威媒体提供的更准确信息，但实际的信息披露就是上市公司的年报、中报（那会儿还不公布季报，这几年才开始公布季报），随着时间的推移，特别是互联网飞速发展、证券市场制度逐渐健全后，这种披露已经没有独特的价值了，特别是对比报纸出版周期更长的周刊来讲意义不大，所以后来我们周刊就基本上没有参与上市公司正式年报的披露了（2020 年 9 月 11 日中国证监会、国家新闻出版署公布的《关于证券市场信息披露媒体条件的规定》不再包含《证券市场周刊》等）。上市公司信息指定披露制度的作用是阶段性的，在市场不成熟、投资者不成熟的背景下，起到了防范风险、引导投资者的积极作用，但随着时间的推移再往后发展就没必要了。后来我们了解到国外也没有这样的制度。

周刊的发展阶段

周刊创刊时，新闻出版主管机关批给我们的是内部发行刊号，起初名字叫《证券投资周刊》，印制也比较粗糙，16 开的新闻纸对折裁开，中间钉两个大头针，就成了一本杂志，总共 16 页，没有正式封面，

SECURITIES MARKET WEEKLY
證券市場週刊
SEEC
创刊号
中国证券市场研究设计中心主办　每星期日出版

致读者

《证券市场》周刊从今天起公开发行了。

四个月前，我们尝试着办起了一份名为《证券投资》周刊的内部刊物，夜以继日地工作，总盼着有一天这份内部刊物能够公开发行。今天，当公开刊付梓时，我们却又油然生出一种难以名状的不安。

证券市场太需要信息了。如果没有及时准确、广泛有效的信息传播，千千万万投资者的热情就无法转变为经济建设的动力，反而会造成巨大经济损失。

我们这份周刊担得起这样的担子吗？作为新中国第一份全国性的证券业专刊的创办者，我们虽虑善以动，但仍不免有高处不胜寒的感觉。无论如何，我们毕竟没有犹豫的余地了。只有靠信念、勤奋和恒心，只有靠广大读者、证券业同仁乃至社会各界的支持和帮助，我们才能鼓起勇气办好这份刊物。

“依靠公众、服务公众”。这是证券市场的原则，也是《证券市场》周刊的原则。

《证券市场》周刊编辑部

张劲夫同志寄语本刊 3

承担起传递政策信息、普及证券知识、披露企业状况的任务，对建设完善的证券市场十分有益。

让企业笑起来 4

要设身处地想到企业在改革道路上的艰难，让企业不再为政策的某些不足而疲于奔命。

内地企业可望在香港上市 22

年内选择一至二家好企业上市。好处一是内地企业可以藉此筹集外资，二是各国投资者可选择投资中国企业。

股票上市：来自日本的经验（上） 23

交易所要有法律依据；上市企业要选择所属产业前景光明、财务状况良好、有潜在盈利前途的；异地上市企业应是跨地区的大公司。

□1992 年 7 月 5 日出版　总第 17 期

图 5　1992 年 7 月 5 日《证券市场周刊》创刊号封面

第 1 页就算封面，上面一行是蓝色的杂志名，一周出版一期。当时周刊就几个人几条枪，我常说我们是草台班子，成立的前半年，只有编辑部、印务部、发行部，没有广告部，因为觉得没啥能拉广告、能拉来啥广告。这是第一阶段。

四个月后，新闻出版主管机关批准了公开发行刊号，名称改为《证券市场周刊》。1992 年 7 月 5 日，公开发行的创刊号（总第 17 期）出版了。后来我们就把草纸的封面换成了铜版纸，升级了，有了正式的封面，理论上至少封二、封三、封四可以做广告了。这是第二阶段。

第三阶段是 1996—1997 年。1996 年大牛市，投资者成倍增长，上市公司数量也增多，交易量不断提高，周刊发行量极大。到 1996 年的十一二月，周刊的单本发行量超过 100 万册，被国家统计局下的中国社会经济调查研究中心评为全国读者阅读率最高的杂志。当时还有一本杂志阅读率也很高，即基层党组织必看的《半月谈》，但没超过《证券市场周刊》。

大牛市背景下，阅读率高，发行量骤增，对我们来说是发展机会，是创新突破的时机，但首先得提升质量。市场给我们提出了更高的要求：内容上要有创新，更要吻合投资者需求；同时作为证监会指定披露上市公司信息的权威刊物，需要传递政策信息；还要做一些研究；还得有一些新闻性的内容，间接对投资者产生影响。这种背景下，作为创新，我们准备把《证券市场周刊》一拆为二。我定的编辑方针是“扶上去，沉下来”。“扶上去”就是作为指定刊物，要做

新闻报道，要做上市公司的批评性报道，要做政策分析，要传递国家有关金融、证券政策，要做一些深度研究，并介绍海外证券金融知识；“沉下来”就是迎合更多新入市投资者炒股的现实需求，如介绍用什么样的理念和方式选股、选择什么样的股票、股票的估值是否合理等专业知识。与此同时，证券公司开始有了很多研究人员，以前叫股评家现在叫分析师，股评家的文章也需要一个出口，周刊就是非常好的出口。1997年1月，我们将周刊一拆为二，原来的《证券市场周刊》刊名是蓝色的，我们叫它蓝刊，依然保持蓝色，侧重于政策信息传递、宏观经济分析和上市公司基本面分析等。新创的市场版封面设计成红色，我们叫它红刊，侧重对上市公司股票的技术分析，组织股评家分析本周的股市、讨论下周什么样的股票可能会涨等。红刊试刊几期下来，发行量迅速超过了蓝刊，因为它直接对接股市、对接投资者需求。

但是事情都有两面性，随着那一轮大牛市的迅速结束，进入熊市，红刊也迅速收冷，发行量骤降，因为被高位套牢的炒股人看什么都没用，我们也没什么解套之术告诉投资者。

第四阶段是2000年以后。1999年“5·19行情”引发了一轮大牛市，但到2001年市场陷入低迷，开启了一轮熊市的折磨，这是我们周刊遇到的第二轮熊市。作为证券媒体，我们深刻感受到周刊的发行量、盈利状况跟股市曲线是正相关的。在2001年持续到2005年的漫长熊市中，周刊不可避免地重新陷入低迷。不以股评报道为主的蓝刊发行量还比较稳定，盈利状况也差强人意，红刊波动性就比较大了，发行量

图6 1996年8月，《证券市场周刊》在北京亚洲酒店召开“编辑与读者恳谈会”

图7 1996年9月，《证券市场周刊》在北京中山公园举办读者服务日活动

直线下降。

在这种背景下，我们觉得周刊内容应该有新的突破。当时联办还有另外一本杂志，也就是创刊于1998年4月的《财经》。2000年10月，《财经》刊发《基金黑幕——关于基金行为的研究报告解析》的报道，引起了市场广泛反响。2001年8月，《财经》又刊出有关上市公司银广夏黑幕的报道《银广夏陷阱》，直接导致银广夏被中国证监会摘牌。这两篇长篇报道出来后，我们对证券媒体的报道深度和周刊内容进行了反思。我们的蓝刊虽然也做过一些批评性报道，但之前总觉得传递对大家更积极的信息可能对投资者更有价值。随着上市公司问题的出现，特别是银广夏这种公司的造假给投资者带来巨大损失，提示风险也应该是我们进行证券报道的一个重要内容。从2001年开始，红刊维持原有风格，蓝刊以改变形式为突破，同步进行内容的改革。蓝刊由原来的A4纸常规杂志尺寸，变成准正方形的全铜版纸印刷的形式，这一非常规尺寸的变化无疑提高了它的成本，这种不惜成本的做法也迫使我们在报道的内容上力求突破：不是简单的传递政策信息，而是要做政策分析；不是简单的公司业绩正面报道，还要做负面的调查性报道；还要有更专业的分析、更深入的揭示，如行业分析、证券业的兴衰变化、证券公司人物的报道、基金公司问题及行业特征的报道等，力争把蓝刊打造成一本综合性的全方位报道证券市场有效信息的杂志，突出变化就是加入了大量的批评性报道。

这次改革，促使周刊形成了自己的风格，并且一直延续下来，现在大体还是这样。

周刊几件事

1992年2月17日《证券投资周刊》试刊号（内刊）编辑出版，印了2000本，计划在周一的9点半开市前送到投资者手中。周六周日大家都加班，闻着油墨的清香装订。当时我们没有零售渠道，而是从《金融时报》拿到了他们的读者名录，按照地址，从总编到打字员全体出动写信封，大家聚在一个大办公室里，有坐在地上的，有坐在桌边的，熬了一晚上才写完2000个地址。没想到王波明一进门就气势汹汹地把试刊号往桌上啪地一摔，说都给我停下，别弄了。他是联办的总干事，也兼任周刊的总编辑，虽然是美国哥伦比亚大学金融学硕士、学者，一急“国骂”都出来了。大家都愣了，我们这些小喽啰不知所措，李南、戴小京就问王波明怎么回事。在联办，彼此都是直呼其名不带职务的。王波明拿起杂志，翻到后面一个数据表，说上海的电真空每股盈利五毛一，你们弄错了小数点给弄成五分一了，投资者从我们这儿获得市场信息，如果明天一开市把股票全抛了，抛完之后才发现是我们写错了，这损失算谁的？任何一个数字对投资者的影响都是巨大的，关系到人家的身家性命、荣辱起伏，它的恶果是你们想象不到的。虽然你们加班熬夜很辛苦，但这种错误极其低级幼稚，不可原谅！这期杂志全部作废，装垃圾袋运印刷厂销毁，杂志重新编。分管证券市场周刊兼主编的联办领导戴小京罚工资一个月，直接管理的兼职副主编李南扣半个月工资。重编的周刊就是1992年3月15日面世的《证券投资周刊》创刊号（总第1期）。后来我从记者做到编辑部主任做到主编，每次有新人进来，我一定要讲这个故事。

我觉得联办的体制有其独到之处，整个运作机制特别民营化，民主、没有等级观念，讨论的氛围浓厚，能包容不同意见，你只要是块金子，闪出那光来，它就会给你提供空间，逼着你想方设法干出成绩，之后会给你更大的空间，让你干出更大的成绩。

按当时邮局的效率，周刊周日出版，北京市内的一天就能送到读者手里，但外省市的肯定得三五天

图8 《证券市场周刊》（红周刊）封面

了，对投资者来说时效性大打折扣，所以我们必须开辟零售渠道。北京没有设立证券集中交易的场所，上海、深圳有。当再编后的周刊创刊号出版后，王波明把我找来，说组织上临时决定，编辑的事儿你别管了，你和张忠一人背1000本杂志去发行，他跑深圳、你跑上海，如果卖不出去送不出去，你在上海、他在深圳就地解散，杂志生存不下去，你们俩也没必要在这儿待了。我暗想杂志就算卖不出去，送总能送出去，上海有17家证券营业部，主要是申银、万国、海通三大券商，完成任务应该有希望。

王波明虽然语气生硬，但同时也帮我疏通了渠道。他给上海三大券商的负责人各写了一封信，大致意思是：管金生同志、汤仁荣同志、阚治东同志，我们联办旗下证券投资周刊的记者，现去上海发行杂志，请给予积极协助。谢谢！

出差上海，这是我第一次坐飞机，我穿上了结婚时定做的西服。我看机票上写着提前两个小时抵达机场，于是早早地来到机场，提前两个小时办完手续过了安检，等戴小京和发行部的同事开着车送杂志到机场时，我已经出不来了，他们只好赶紧办理托运手续。我到上海抵达住地后，戴小京打电话让我赶往机场托运部取周刊。我带着1000本周刊，拿着王波明的“手谕”，找到了管金生、汤仁荣、阚治东，他们都很帮忙。这三位后来都成了我的采访对象。我至今还记得在那个阴雨连绵的上海的春天，我几乎跑遍了万国、申银、海通的证券营业部，战战兢兢又愈加亢奋地在吴侬软语的陌生街巷闯出迈进证券市场的新路。

我通过上海的朋友认识了做瓷器生意的徐建国，他是个热心人，我们一人背着500本周刊，坐着摩的，跑遍了上海十几家证券营业部。我说周刊可以免费送人，但生意人出身的徐建国说不行，不能白送，否则就没效果了，就按5块钱一本卖。果然，我们上午刚从海通一家证券营业部出来，下午就接到了工作人员的电话，问还有没有周刊，他们的50本一上午就卖完了。

就这样，我开始了发行杂志的经历。而徐建国从坐摩的帮我发行杂志开始，随着股市的壮大，随着证券媒体的蓬勃发展，约10年后，他成了华东地区证券媒体发行量最大的一级经销商，年营业额超过1亿元。证券市场关联着千家万户，改变了千千万万人的命运，改变了我的命运，也改变了徐建国——一个原来做瓷器生意的高中都没毕业的普通人的命运。

1997年党的十五大确定了通过资本市场解决国企脱困问题和中国经济健康发展问题的方针。党的十五大和十五届一中全会提出用3年左右时间，使大多数国有大中型亏损企业摆脱困境，力争到20世纪末大多数国有大中型骨干企业初步建立现代企业制度。在这个政策背景下，大量国有企业上市。1998年年报披露期间，刚上市一年的国企成都红光实业股份有限公司财务数据骤然变脸，年度亏损1.98亿元。按照上市要求，企业最近3年都是盈利的，但号称中国显像管行业最大企业的红光实业上市当年即亏损，我们觉得其中大有问题，就马上派记者进行深入调查。经现场调查发现，红光实业上市前主营的显像管业务早已停产，上市报告书中的所谓连续3年业绩增长实际上是净亏10.3亿元，财务数据是假的，红光实业是多个机构合谋的欺诈上市！我们的记者写出了长篇报道，刊发后在社会上引起了很大的震动。大概1个月后，11月20日，证监会公布了《关于成都红光实业股份有限公司严重违法违规案件的通报》，红光实业及主承销商、中介机构受到了相应处罚。遗憾的是，对红光实业涉嫌证券欺诈的犯罪行为，当时未能进行司法追诉。媒体的监督有助于促进证券市场健康发展，但保护投资者利益最根本的是健全法律法规，依法治市，这样市场才能健康稳定持续发展。

我们从报道红光实业欺诈上市这件事上，发现了媒体调查报道的价值，就是当啄木鸟、找问题，向投资者提示风险，保护投资者利益。这也确定了周刊第四阶段改版的方向，做综合性报道。当时正是股市低迷期，批评性报道多了起来，《财经》《21世纪经济报道》《经济观察报》等市场化更强的媒体，做了大量批评性报道，其影响力远远超过了作为证监会指定披露上市公司信息的三大报。

2001年初，股市暴涨之后开始下跌，而且跌得挺厉害，市场上弥漫着恐慌情绪。1月13日，著名经济学家吴敬琏在中央电视台《对话》栏目谈及股市，说中国的股市很像一个赌场，而且很不规范。吴老对当时A股市场的各种不规范进行了严厉抨击，一石激起千层浪。我们想采访吴老，请他对“中国股市连赌场都不如”做进一步阐释，希望能进行深入探讨，于是我们拟了采访提纲并发给吴老的秘书，但一直没收到回复。吴老跟联办的关系其实很密切，此前在联办举办的几次重要的恳谈会上，吴老都做了经典发言，是我们很敬佩的经济学家。吴老对中国股市提出了一个大的质询，证券界得回应，我们作为证券业的媒体觉得有必要进行深入讨论，于是2001年春节后的第一期周刊刊发了给吴老的采访提纲，我是主编，用煽情的语言起了一个标题《股市的花样年华还有多久？》，既是提问吴老，也是提问股市建言者。如果中国股市是赌场，这就是一种是非判断、道德判断，按照我们的价值观股市就得关门。我们把问题提出来后，社会影响很大。我还接到《对话》栏目的邀请，以周刊主编的身份就吴老的观点发表意见。我说我尊敬吴老，他的话我能理解，此前出现的庄家做庄、庄股横行，红光实业、蓝田等一系列造假事件影响确实挺坏的，但是不能因为一颗老鼠屎坏了一锅粥。资本市场还是一个新生事物，刚发展了十来年，是一路跌跌撞撞走过来的，我们应该以极大的耐心呵护它、培植它走上健康发展之路，不能一言定性，定性则非关不可了。对于资本市场乃至整个经济活动，我个人认为应该多做价值判断，少做道德判断。同时我建议央视要给不同的人提供发出不同声音的平台，找更多的专家学者来谈这件事。节目播出时，果然有多种声音，张维迎和盛洪两位经济学家公开批驳我，张维迎说道德判断跟价值判断本质上是一样的，如果是不问是非、不问道德的坏的市场经济，还不如不搞。还有人说方泉根本就不是经济专业人士，就是一个媒体人，代表资本市场既得利益集团来讲话，于是我成了一个靶子，一个被批驳的靶子。几天后，《北京青年报》出了个整版报道，标题记不清了，好像是《股市争论，到底黑不黑?》，但版面设计我记得很清楚，左上角是吴敬琏的大幅照片，右下角是我的小幅照片，放在一起颇有擂台对峙却力量失衡的味道。

吴敬琏的观点在经济学界引起了激烈讨论。青年经济学家、投资家韩志国打电话给我，说吴敬琏的意见如果被上面采纳了，中国股市非关不可，新生的资本市场就完了，不能这样一言废市，什么叫干净的资本市场，市场总是从不成熟到成熟一点儿一点儿走过来的，我不同意吴敬琏所提出的三个观点。韩志国召集了董辅礽、厉以宁、萧灼基、吴晓求，召开了"关于如何正确评价中国股市发展状况"恳谈会，从理论的角度反驳了吴敬琏的观点。

五大经济学家的联合发声，掀起了更大范围的媒体讨论。海归经济学家许小年发表了更激烈的观点：中国股市问题太多，必须推倒重来，不跌到1000点干净不了。这场大讨论在媒体上活跃了两个多月，以致英国的《金融时报》、美国的《华尔街日报》都给予了大幅报道。2001年3月两会闭幕时，有境外记者直接向朱镕基发问：我们注意到前一段时间中国媒体上有一场关于中国股市的大辩论，请问您怎么看待这场辩论？朱镕基回答得很巧妙，说我作为国务院的领导不会也不应该对中国股市发表个人看法，我只是想强调中国股市要规范发展，规范发展是我们的既定方针，是不会变的。

由吴敬琏"股市赌场论"引发的一场关于中国股市的空前大讨论，如今看来依然意义深远。从《证券市场周刊》对吴老提问开始，短短3个月，引发了一场关于中国资本市场何去何从的大讨论，其实质既是对发展了十余年的资本市场的回顾和检讨，也是对未来发展路径的探索，是推倒重来，还是边发展边规范？它对未来中国股市如何规范发展产生了深远的影响，归根到底，发展才是硬道理。我觉得这场大讨论在中国证券史上一定有一席之地，作为一个媒体人、作为一个证券媒体人，我很是欣慰。

我的期望

我长期从事证券媒体工作，作为见证人、旁观者，对中国证券市场有诸多观察和思考。改革开放之初的证券市场，民间形容为"一放就乱一管就死，一管就捞成熊市，一放就放成疯牛"。30多年走来，我觉得我们的证券市场并没有完成长大成熟，还处在十五六岁的青春躁动期。同时，我们一直能感觉到市场上有两只手在博弈，一只是有形之手，就是管理部门通过政策、法规等对市场进行监督管理，一只是无形之手，就是我们看不见的市场之手。通过这30多年上海股市的K线图，可以看到每一次熊牛转折，都跟监管政策、跟国家对股票市场、资本市场的政策正相关。这是社会主义市场经济背景下转轨体制的必然现象。如何在政府的引导下，规范市场行为、激发市场活力，帮助市场走向成熟，让两只手在稳定和发展、监管和创新、调控和泡沫之间找到平衡点？近年政府采用“建制度、不干预、零容忍”的监管思路构建资本市场发展良性生态，这是历史经验的总结，也是市场化改革的真谛。营造良好的市场环境和市场秩序，用健全的法律法规，用完备的制度管理，在法律制度的范围内，按市场规律、按国民经济的大节拍去拨动、走下去，更加法治化，更加规范化，更加市场化，更加国际化，这是我的希望，我想也是广大投资者的希望。■

■ 作者简介

方泉，毕业于北京师范学院中文系，曾就职于北京经济学院院刊编辑部。1991 年 9 月加盟中国证券市场研究设计中心，参与创办《证券市场周刊》，担任记者、副社长。2008 年离职，任《融资中国》杂志总编，直至退休。出版过诗集《痕迹》、杂文特写集《一个记者眼中的上海股市》、财经随笔集《股市心语》和报告文学《冷暖50℃——从股市 K 线到珠峰雪线》。

风云笔谈

忆上海证券交易所第一次会员大会

孙大淳

1990年11月26日，上海证券交易所第一次会员大会召开，这一天也是上海证券交易所成立的日子。

我有幸于1990年7月从中国人民银行上海分行金融研究所调来参与上海证券交易所的筹建，并筹备和参加了第一次会员大会。11月26日对我来说是一个特殊的日子，我的结婚纪念日是11月26日，我女儿的生日也是11月26日，命运之神似乎早已悄悄地让我与上海证券交易所结下不解之缘。

会议选择在地处上海南隅名不见经传的华南宾馆举行，会期半天。一是为了节约经费，二是为了低调处理大会事宜。当时因为担心有关交易所是资本主义还是社会主义的争论及其他因素会影响筹建工作的进展，上海市领导给我们内部定了一个工作原则："筹建工作多做少说，甚至可以只做不说"。所以，上海证券交易所在成立前，对外一直是很低调的。虽然当时筹建人员只有十几个，但会议的筹备因就简而更加高效。

参加会议的有筹备交易所的三人领导小组成员——李祥瑞（时任交通银行董事长）、龚浩成（时任中国人民银行上海分行行长）、贺镐圣（时任上海市体改办主任），以及其他各级领导，有具体抓筹备工作的人民银行上海分行副行长罗时林、周芝石和市财政局局长程静萍，有具体负责筹建交易所的尉文渊以及相关人员；即将成为上海证券交易所会员的上海万国证券公司、上海市信托投资公司、上海申银证券公司、上海财政证券公司、上海爱建金融信托投资公

图 1 1990 年 11 月 26 日，上海证券交易所召开成立大会

司、上海海通证券公司、建设银行上海市信托投资公司、中国人民保险公司上海市分公司、工商银行山东信托投资股份公司上海证券业务部、工商银行沈阳市沈河票券股份有限公司上海证券业务部、农业银行上海市信托投资公司、中国银行上海信托咨询公司、江西省证券公司上海业务部、安徽省国际信托投资公司上海证券业务部、国家农业投资公司农信公司上海证券业务部、浙江省证券公司上海业务部、海南华银国际信托投资公司上海证券业务部、上海上工证券业务部、上海川北证券业务部、上海文庙证券业务部、上海江浦证券业务部、上海环龙证券业务部共 22 家单位的负责人也参加了会议。

上海金融界老前辈李祥瑞的开场白很幽默："三人领导小组没有正式的批文，也不知怎么七弄八弄的，把我弄成了组长。"在一片笑声中，会议正式开始。李祥瑞向大会报告了三人领导小组工作情况。接着，尉文渊向大会做了筹备工作的总体汇报，具体介绍了有关上海证券交易所章程、证券交易、交易员培训、会员管理、上市公司、证券清算交割及计算机通信等的情况，并汇报了交易所的工作场所——浦江饭店底层及门面装修进程。大会通过了《上海证券交易所章程》，原则通过了《上海证券交易所会员管理试行办法》（大会责成总经理进一步修改补充，授权理事会审议通过后实施）。大会以不记名方式选举产生了交易所理事会理事和监事会监事，李祥瑞任理事长，申银证券公司总经理阚治东任副理事长，周芝石任监事长。会后，原中国证券交易所研究设计联合办公室所推荐的中国国际信托投资公司（集团）中信上海公司、中国新技术创业投资公司上海证券业务部、中国农业开发信托投资公司上海证券业务部三家证券经营机构也补充为上海证券交易所的正式会员。这样，上海证券交易所的创始会员为25家。

当晚，一改之前对媒体的信息封锁，上海证券交易所成立的消息正式向新闻媒体发布，对外宣传“开禁”。由筹建人员合作编写的主要介绍上海证券交易所业务细则的《证券交易所知识一百题》初稿，也被拿出来与记者们“共享”。媒体的报道铺天盖地，上海证券交易所成立的消息一夜之间轰动全国。

上海证券交易所的成立，标志着中国有了统一的证券市场，标志着中国在市场经济的道路上迈出了一大步，标志着中国改革开放进一步深化。当时，上海证券交易所成立的政治意义远远大于经济意义。

1990年12月19日，上海证券交易所顺利开业。

为了表彰为上海证券交易所的成立与正式开业而努力工作的有功之臣，人民银行上海分行专程为当时的30多位员工召开了表彰大会，人民银行上海分行4位正副行长全部出席会议。其中有许多可歌可泣的人物与事迹，筹建人员承受着筹建工作“只

图2 上海证券交易所原址，现为中国证券博物馆所在地

许成功，不许失败”的巨大压力。哪里工作繁重，哪里工作有困难，哪里就有上海证券交易所主要负责人的身影。大家一起讨论规则，一起日夜忙碌，一起解决各种问题，一起熬夜，也一起享受肯德基的美味，中午偶尔一起下棋、打牌，晚上一起坐公交车回家。我们每天都会遇到新鲜的人和事，也会遇到崭新的业务和困难，大家的才能、潜力得到了充分的发挥，大家的创意、方案也在逐步实现。身处其中，你会感到工作不是为了个人晋级升官，不是为了工资奖金，个人的利益在这里显得那么渺小，这是在创造证券市场历史，你会为能够参与这项有意义的工作而感到无上光荣，即使再苦再累，工作的突破、成功的喜悦也会让你陶醉其中。

经过艰难的历程，上海证券交易所终于成立了，虽然它起步踉跄，步履蹒跚，但终究跨出了第一步，而每个参与筹建上海证券交易所的人，也在自己的人生道路上跨出了艰苦而有意义的重要一步。以后的道路会怎样走，“履霜坚冰至”，正如一位哲人所说：“不要想第一步就踏上人生的金砖，哪怕是坎坷、荆棘、泥沼，只管大胆地跨出，当你终于踏上属于你的那块金砖，回首顾盼，步步都是金砖。”愿上海证券交易所、证券市场和市场中的每一位都能踏上属于自己的那块金砖！■

■ 作者简介

孙大淳，工商管理硕士，从事银行工作10年，参与筹建上海证券交易所并在交易所工作近20年。首任会员管理部门负责人，长期从事会员管理及有关工作，2009年2月自上海证券交易所退休，获上海证券交易所终身成就奖。

峥嵘岁月

“打非”工作成长记

于 佳

自2011年10月我入职中国证券业协会，转眼已过十多年。伴随证券行业不平凡的发展壮大，我也在奋斗中不断进步成长。一路走来，回顾亲历打击非法证券活动（简称“打非”）工作的点点滴滴，感触良多。

接手“整非”[①]工作时的忐忑

入职协会后，我的主要工作之一就是“整非”。刚接手此项工作时，作为之前从事出版编辑工作的我，对“整非”两个字的认知仅停留在“扫黄打非”的层面上，对证券行业为什么需要“整非”、如何“整非”更是一窍不通，对于如何找准工作切入点内心十分忐忑。好在时任协会信息传导部主任申屹对我悉心指导，不厌其烦地答疑解惑，才给我吃了一颗定心丸。原来自2008年以来，利用网络等媒体开展非法证券投资咨询、非法委托理财等成为证券市场的突出问题，严重危害证券市场秩序，影响社会稳定，因此，2009年中国证监会启动整治工作。

很多问题都需要自己寻找答案，要想做好工作，就得先了解行业情况，调查研究是做好工作的基本功。于是，我在申屹的指导下首先从调研入手，以问卷调查、参加座谈会和走访证券公司的形式，对证券行业“整非”工作进行了全面摸底和调研，了解“整非”工作的现状及所面临问题，深入思考，完成《关于证券公司“整非”工作调查的报告》，形成下一阶段的工作思路，自己也在工作探索中逐步得到了成长。

以“总对总”模式加入中国反钓鱼网站联盟，肃清行业网络环境

2011年，非法证券活动呈现出网络化、远程化、虚拟化的趋势，金融网站“钓鱼”成为非法证券活动的一个重要表现形式。经过调研，我发现不法分子往往通过购买或者租用国内外服务器的方式挂出非法网站进行诈骗活动，不仅违法成本低廉，更由于服务器是租用的，而且往往通过多层代理，加大了查处这类违法行为的难度。

面对此项突出问题，我和部门同事集思广益，通过互联网了解到中国反钓鱼网站联盟（APAC）是国内唯一为解决钓鱼网站问题而成立的协调组织，可协助监测、处置仿冒钓鱼网站。2011年12月22日，我和部门同事一起走访了中国反钓鱼网站联盟，并积极推动加入联盟事宜。然而若每一家证券公司都加入联盟，耗时较长，而且短期内难以形成合力。为此，我们提议协会能否组织会员单位以“总对总”模式加入中国反钓鱼网站联盟。此种模式虽然大大增加了协会和自己的工作量，但秉承协会“以服务为基础”的工作理念，将给会员单位带来便利。经协会领导批示同意后，2012年初我们组织107家证券公司、3家投资咨询机构和7家基金公司以“总对总”模式集体加入中国反钓鱼网站联盟，这标志着证券行业集体反钓鱼行动的展开，使得证券行业网站的可信度大增，生存环境得到明显改善，普通用户通过网站进行证券活动获得了一定的保障。为表彰协会大力推动全行业的反钓鱼工作，中国反钓鱼网站联盟授予协会“2012中国反钓鱼网站联盟优秀协作单位”称号并颁发证书。

图1 中央电视台新闻频道报道协会发布“黑名单”

建立非法机构黑名单发布制度，加大公示力度

推动会员单位集体加入中国反钓鱼网站联盟，让我对从事“打非”工作有了进一步的思考。通过对监测到的非法仿冒网站的特点进行逐一分析，我了解到非法仿冒网站频频改头换面，特别是用一个IP地址申请无数个仿冒网站域名，从而出现了违法行为人、违法事实均发生于国内，而违法行为的关键媒介——服务器位于国外的情形。从非法仿冒证券公司等机构网站监测结果看，被仿冒的正规证券公司的网站只占一小部分，更大一部分非法仿冒网站名称与合法机构名称不匹配，合法机构无法直接删除。

针对这一情况，依据“打非”工作的实践和经验，最大限度地及时发现非法仿冒证券公司、证券投资咨询公司等机构的网址并尽早公布、扩大宣传范围是提高“打非”工作有效性的重要措施。于是我们开始通过协会网站和公开媒体等渠道定期公开曝光非法机构黑名单，受到了中央电视台、四大证券报、新浪财经等媒体的关注。随着2013年协会舆情监测平台的投入使用，定期公布的“黑名单”经各公司官网、各媒体的转载及营业部张贴，起到了良好的提示和警示作用。

2012年至今，在部门团队的努力下，此项工作从未间断，并持续优化“黑名单”的发布流程，提高工作效率，提醒广大投资者注意风险防范。

拓宽宣传广度，制作“打非”专题节目《真相》，打造“打非”空中课堂

经过几年的工作历练，我逐渐发现，打击各种非法证券活动是一项长期、艰巨的工作。其中，如何加强宣传教育、充分揭示非法证券活动的特征与风险、

图2 “打非”宣传部分点位：知春里地铁站、公交车站

图 3　2015 年 3 月《真相（第二季）》启动仪式及《真相》宣传光盘

不断提升投资者辨别和防范非法证券活动的能力至关重要。因此，“打非”工作必须借助媒体宣传力量，扩大宣传范围，以人们喜闻乐见的方式持续加大宣传力度，方能深入人心。

2014 年，我们首次在北京市投放打击非法证券活动公益宣传广告，包括北京首都国际机场 T3 航站楼、100 个社区、地铁各线路、80 个重点区域的公交候车亭灯箱、18 条线路中的 20 辆公共汽车，公益宣传广告投放时间为 1 个月；2017 年在北京地铁 1 号线 88 个 LED 电子屏投放公益宣传海报，有效覆盖 840 万人次。还记得公益宣传广告刚刚上线时，自己满北京城地找宣传点位，看到从身边经过的公交车、熟悉的站台，特别是北京首都国际机场 T3 航站楼的大屏幕显示“打非”公益宣传广告时，觉得此项工作是非常有意义的，只要有人关注、看到这个公益宣传广告，知道如何进行防范，效果就达到了。

协会“打非”宣传是立体的、全方位的。除了平面广告宣传，从 2014 年 10 月开始，我们与中国国际广播电台《新财富时间》栏目展开深入合作，制作“打非”专题节目《真相》。为了丰富内容，协会向全行业征集涉非典型案例作为节目素材，成为做好这档节目的有力保障。我有幸深度参与每一期节目的策划筹备录制过程，从案例编写、修改录制脚本、邀请专家参与录制到对接录制事宜、审校节目等，在工作中得到了极大的锻炼，工作过程中也得到了中国证监会和协会领导、同事们的大力支持和帮助。

为宣传和介绍好此节目，我们还邀请中国证监会领导刘云峰、李宇白，协会领导方向瑜、王旻、孟宥慈录制节目片花，王旻、孟宥慈、李宇白三位领导还参与了节目录制。《真相》节目每期时长 25 分钟，两季共策划播出51期，通过全国52家广播电台播出，收到了良好效果。

调动会员单位参与积极性，开展“打非”宣传月专项活动

“打非”宣传工作开展得如火如荼，我们又开始思考将单一宣传和群众参与结合起来。随着证券业务和金融产品日益丰富和复杂化，以及互联网运用普及程度的提高，各类利用网络、微博、微信、APP等新渠道从事的非法证券活动也不断出现，不法分子往往利用投资者对证券、金融知识了解不够，一些投资者存在快速致富的心理，特别是中老年人信息获取渠道单一、知识更新慢、风险意识淡薄等特点，通过各种手段进行诈骗。因此，提高宣传的针对性和有效性至关重要。

协会从2013年起，连续10年组织证券经营机构开展“打非”宣传月专项活动。鼓励各证券经营机构通过网络媒体、电子终端等渠道开展宣传，以易于理解、喜闻乐见的方式，加强对重点领域和重点人群的宣传，推动“打非”理念入脑入心，不断提升“打非”宣传的效果和影响力，构建多层次、广覆盖的“打非”宣传阵地，有效提高群众互动参与程度。

每年的“打非”宣传月专项活动都是一个大型项目，在部门主任指导下，我负责起草工作方案、发布工作安排通知、设计制作分发海报、组织配合宣传月开展的各项活动、起草领导讲话稿和宣传月新闻稿等，自己的写作、沟通协调等能力得到了全面提升。

打造“防非健康跑”活动IP，拓宽宣传广度

在“打非”宣传月工作开展2年并取得良好成效的同时，我也一直在深入思考如何将“打非”工作和行业文化建设有效结合起来，形成独有的IP品牌，再通过互联网的传播效应，用可控的成本实现宣传效果最大化。经过与行业的沟通交流和探索，2015年，我们开始创新活动载体，抓住跑步热潮，打造协会“防非健康跑”活动品牌。

我在同事的鼓励和支持下从2015年5月开始坚持跑步，过程中发现健康的概念日益风靡，马拉松及各项跑步运动逐步成为人们业余生活的重要选项，这给了我灵感，为此我查阅了很多资料，当时国际田联发布IAAF的《全球跑步发展状况调研报告》显示，自2007年以来，全球跑步参与人数呈指数型上升。若将跑步和“打非”宣传结合起来，就能打破原有的宣传模式，更加贴近群众以及社会热点，进而提升参与性，扩大宣传规模。为此，在讨论“打非”宣传月专项活动方案时，我向时任协会信息传导部主任何笑冰提议采用受不同年龄段、社会各界人士欢迎的健康跑活动形式开展“打非”宣传。在何笑冰主任指导下，我细化了方案并呈报协会领导，最终得到协会领

导的认可和支持。在同事们的集体努力下，2015 年“打非”宣传月期间即联合地方证券业协会、会员单位在北京等 5 个城市开展接力式活动，共有 2000 多人直接参与活动；2016 年进一步将健康跑活动和“打非”线上答题相结合，共有 62761 人参与答题，正确率达到 85% 以上，跑步总里程达 460849 千米，相当于绕赤道 12 圈。2017 年首次在福州等 10 个城市开展了接力式“打非”宣传健康跑活动，活动影响力逐年上升。

根据 2017 年北京站健康跑调查问卷统计结果，92.5% 的受访人员认为健康跑的活动形式相比于“座谈”“培训”等现场投教活动效果更好；88.7% 的受访人员认为健康跑的活动形式相比于“微信投教图文”“线上互动”等非现场投教活动更为吸引人，效果更显著。

通过复盘和总结，自己也在不断地摸索如何优化活动。为了拓宽宣传广度，在将“打非”宣传与健康跑有效结合的同时，我们加强了与媒体的合作，2017 年在中央电视台及 240 家网络媒体进行宣传，新闻报道及转载共 693 次。2019 年“打非”宣传健康跑活动先后在大连、呼和浩特等 17 个城市举办，数量与规模创历年之最，参加活动人数共计 11000 人，媒体宣传共计 2335 篇次。在部门主任指导下，部门同事全员参与，牺牲了周末休息时间，投入“打非”宣传月各站活动中，以保障各站活动顺利圆满举行（见图 4）。

2021 年，协会首次联合中国田径协会共同举办第六届“防非健康跑——跑遍中国·中国证券业防非宣传线上健康跑”公益活动，两个协会的合作是跨行业践行社会责任的创新，是疫情防控背景下全民健身的创新。活动覆盖总人数达 25 万人次，活动话题参与人数达 1800 万，跑步距离超过 8 万公里，防非宣传覆盖全国 31 个省份，超过 200 个城市的活动参与者共同助力“防非”宣传，实现了全民参与。

2022 年 5 月，协会与新华网联合主办以“心系投资者权益　投保防非共行动”“5·15 投资者保护与防范非法证券”宣传公益活动，进一步扩大协会“防非健康跑”品牌影响力，第七届“防非健康跑”活动自 5 月启动，将持续至年底，共开展 33 场公益活动，

图 4　“打非”宣传月健康跑活动

目前已累积48.28万余人参加，活动话题参与人数达4389.1万。

迄今为止，协会已累计在33个城市开展“打非”宣传健康跑活动，成为行业“打非”宣传的独有IP品牌，并得到监管部门、行业的肯定，对塑造健康向上的行业文化、优化资本市场生态起到了积极作用。

十年“打非”路漫修远，上下求索久久为功

自2011年以来，协会“打非”工作在制度建设、工作内容方面稳步推进，建立持续打击非法证券活动的工作机制：2016年制定发布《证券经营机构参与打击非法证券活动工作指引》；定期发布非法机构黑名单，受理投诉举报事项，组织编写“打非”案例，制作“打非”专题节目《真相》，连续10年组织开展“打非”宣传月专项活动；会员单位将不断深入参与“打非”工作作为一项持久性工作常抓不懈，“打非”工作取得阶段性成效。

星光不问赶路人，时光不负有心人。在中国证券业协会成立30周年的新起点上，我们将以马拉松长跑的精神为激励，秉承“以服务为基础，以自律为核心，以发展为目的”的工作理念，情有所系，劲有所往，与协会共成长，力争新时代新征程上取得新成绩，做出新贡献！■

■ 作者简介

于佳，中国证券业协会信息传导部副研究员。

■ 注释

① 整治利用网络等媒体从事非法证券活动，简称“整非”。2015年，根据中国证监会《关于进一步加强和改进打击非法证券期货活动工作有关问题的通知》的要求，中国证券业协会将原“整治利用网络等媒体从事非法证券活动”扩大为“打击非法证券活动”，“整非”扩大为“打非”。

一次难忘的股票发行经历

蒋登富

1992 年末，我怀着用自己的学识去更好地服务于实践的美好憧憬，告别了执教十年的高校讲台，加盟正式成立 4 年的上海申银证券有限公司。

入职不久，我便被分配至发行部，数月后随公司副总缪恒生远赴福建厦门，参与厦门工程机械厂 IPO 主承销商资格争夺战。缪总来自工商银行上海市分行，具有良好的财会专业背景，加上刚亲历主承销大型国企青岛啤酒的筹划、竞标、组织、发行等工作，在与同行竞争对手的交锋中，表现得尤为自信和从容。

抵达厦门的第二天，厦门工程机械厂就与我司签订了主承销代理协议书，当晚缪总就买了机票返回上海，将我和另一名刚进公司的小年轻留在当地，我俩从此开始了长达半年的项目准备。尽管我已有近十年的大学执教经验，可面对股票发行业务，我就是一个“小白”，自感没退路了，只能硬着头皮往前冲。

1993 年 4 月 22 日，国务院发布《股票发行与交易管理暂行条例》，正式建立了全国统一管理的股票发行审核机制，这是我国证券市场首部法规性文件。该条例确立了股票发行与交易、上市公司收购的基础规范，奠定了证券法律制度的基础，为《证券法》的正式出台做了必要准备，并且很长一段时间里，客观上发挥着“准证券法”的作用。至 1999 年 7 月 1 日《证券法》生效实施时，该条例执行了 6 年多。当时《上海证券报》用了 4 个版面刊登此条例，我如获至宝，这份报纸从头到尾不知被我看了多少遍，几乎翻烂了。

此时的股票承销业务还未形成一套规范化的操作流程，而且各个项目组都面临着人手少、时间紧、任务重、困难多、压力大的局面，业务团队必须在没有任何经验甚至没有任何规范指引的情况下边干边学。在以额度管理为主的审批制下要想获得发行批文，先要准备好材料，这成为当时最考验证券公司专业实力的工作。行业相关规范性文件《公开发行股票公司信息披露实施细则（试行）》是1993年6月12日才发布的，明确了强制性信息披露制度的具体要求，所以当时我只能以《上海证券报》上已经公告的仅有的几份招股说明书为模板，加上对厦门工程机械厂和中国工程机械行业的调研，连续奋战数周，硬是自己"创作"了一份材料出来。这种由市场一线员工参照有限模板加调研加发挥想象空间"创作"招股说明书的做法，也是中国证券市场早期的一件趣事。

当年发行股票采用的是额度管理审批制，即国务院证券委员会根据国民经济发展计划和资金需求确立一个总的额度（1993年为50亿元），再由国家计委确定和分配各省、自治区、直辖市、计划单列市和行业主管部门的发行额度，各省、自治区、直辖市、计划单列市和行业主管部门推荐本区域或行业的企业，证券监管机构再对企业申请材料进行审批。额度是以股票面值计算的，溢价发行条件下，实际筹资额远大于计划额度。以厦门工程机械厂为例，由于厦门是计划单列市，国家计委分配给该市的额度共5000万元，厦门市政府给了厦门工程机械厂4000万元额度，剩下1000万元额度给了厦华电子。这次发行股票，厦门工程机械厂共筹集资金2亿元，主要用于"八五"期间技术改造和工程扩建项目，总股本15688万元，其中社会公众股4000万元。发行后，其股票每股净资本为2.68元，1993年税后利润为0.68元每股，这在发行股票的企业中算是较高的。无可否认，额度管理对于当时我国证券市场正处于发展阶段而且规模较小经不起大规模扩容冲击的状况而言，有其存在的合理性。但是，额度管理带有较明显的计划经济色彩，实践证明，其也存在弊端。

根据《股票发行与交易管理暂行条例》的规定，应采用无限量发售认购申请表方式，再用比例配售、比例累进配售或抽签等方式发售新股，这是1993年我国公开发行股票的主要方式。在规定期限内投资者可任意购买认购申请表；发售期限结束后，根据申请表实际发售数量和股票发行数量计算出中签率，再通过抽签决定中签号，中签者可凭中签表购买股票。当时，国内出现了一支"扑表大军"，他们见表就买，见股就"扑"，从而使中签率不断下滑。

1993年12月8日，厦门工程机械厂向社会公开发行股票，全国各地的股民蜂拥而至。鉴于一级市场的火爆行情，我们在设计认购付款方式时，有意规定只能使用现金支付，目的是放慢网点的认购速度，尽量避免认购倍数过高而大大降低中签率。但出乎意料，正式发行股票前两天，厦门机场、海关和公安告知我们，发现许多旅客携带着大量现金，源源不断地涌入厦门。我们在入住的福华酒店用餐时，发现客人爆满，有部分客人就将鼓鼓囊囊的大旅行袋放在餐桌下，用双腿紧紧夹住，还看到过一个东北大汉扛着装有"砖头"的白色米袋从我身边走过。我和同事用诧异的目光打量着周围，隐隐感到一丝不安。

果然，原先只印刷了2亿张认购申请表，由于股民热情空前高涨，发行第二天，紧急加印1

万张大面额万张连号的认购申请表，最终创下了0.02489%这一当年及之后较长一段时间的最低中签纪录。厦工股份每股发行价为5元，每张认购申请表售价为2元，每张中签表可认购500股，因此购买认购申请表的成本高达每股16.10元（2/500=0.004，0.004/0.02489%=16.10），从而使每股实际认购成本高达21.10元（16.10+5）。需要解释的是，发行者得到的仅仅是股票发行价，而发售认购申请表的收入在扣除成本和中介机构的必要报酬后全部归中央和地方财政。1993年无限量发售认购申请表的收入大都超过发行股票本身的收入。以厦门工程机械厂为例，共发行4000万股，每股发行价为5元，筹资2亿元。假设厦门工程机械厂发售完全部的3亿张认购申请表，收入为6亿元，扣除认购申请表印刷成本和其他宣传及中介机构的必要开支，剩余的5亿多元将上缴中央和地方财政。其实这两种收入对股市的意义截然不同，发售认购申请表的收入除了必要消耗外，其余全部归中央和地方财政。从特定角度看，它代表着股市的“失血”；而发行股票的收入则表示资金从投资者手中流入发行者手里，发行者用它进行再生产后可以产生利润回馈股民。无限量发售认购申请表最大的弊端是造成社会资源的浪费，不利于股市的长远发展。其一，为了防止认购申请表脱销，通常事先印刷大量的认购申请表。当年厦门工程机械厂的上千箱认购申请表由武警开了几十辆军用卡车，从上海印钞厂武装押送至厦门，连夜入库，派一个班的战士把守仓库。没人敢接仓库钥匙，最终厦门当地证管办的领导认为应由主承销商保管，我是项目经理人，这把仓库钥匙自然交到了我的手里，结果我一宿未敢眠。当摇号结果公布后，除了中签的那张认购申请表，其余的认购申请表都变成了废纸。这一过程中，印刷、运输、人力都付出了不少的成本。其二，发售工作持续时间长、网

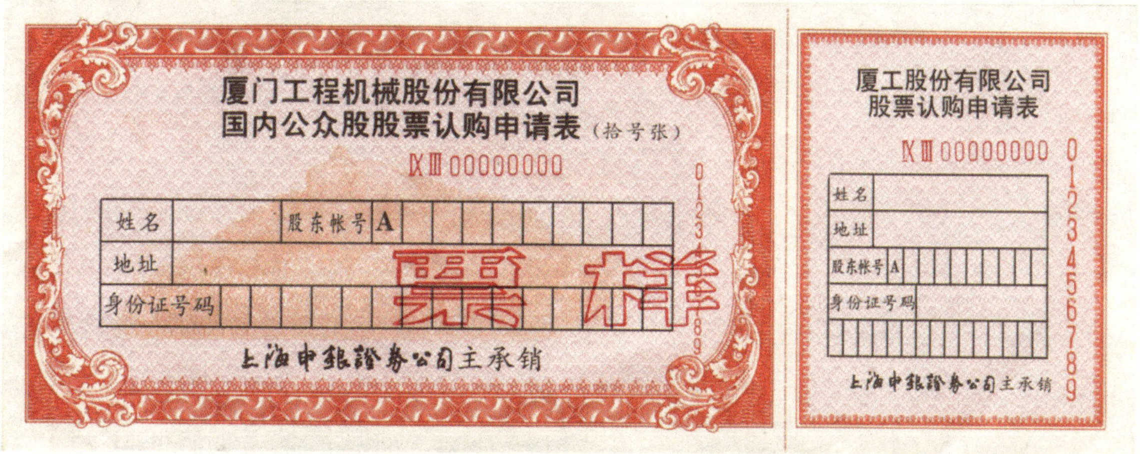

图1 厦工股份股票认购申请表样张

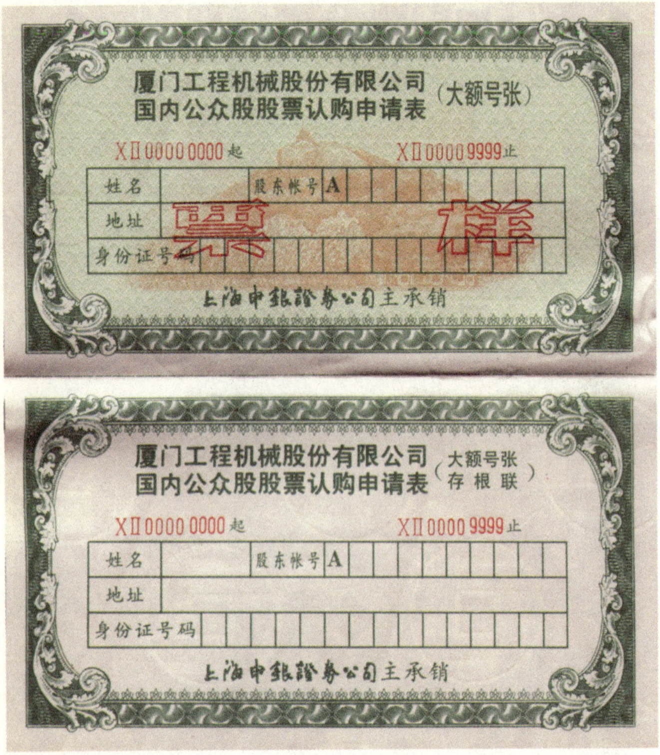
厦门工程机械股份有限公司
国内公众股股票认购申请表（大额号张）
XⅡ 0000 0000 起　XⅡ 0000 9999 止
姓名　股东帐号 A
地址
身份证号码
票样
上海申银證券公司主承销

厦门工程机械股份有限公司
国内公众股股票认购申请表（大额号张 存根联）
XⅡ 0000 0000 起　XⅡ 0000 9999 止
姓名　股东帐号 A
地址
身份证号码
上海申银證券公司主承销

图 2　厦工股份股票认购申请表大额号（万张连号）样张

点多、工作量大，需要投入大量人力物力。当年我们在每个发售点都安排一名公检法系统的同志进行监督，以防任何舞弊行为，彰显公平公正。其三，认购申请表通常只在股票发行地发售，全国大小投资者从各地蜂拥而至，给当地的社会治安造成一定压力。当万分之二点四的中签率传到北京后，中国证监会曾数次来电询问，想求证有关信息是否属实。直到第四天发行结束，证监会终于相信了，打来电话说："中签率那样低，也没有出事情，说明你们的工作做得很好。请写一份发行总结报告来……"

我清晰地记得，发行厦工股票结束时发生了两个小插曲。

插曲一，由于股民认购情绪异常高涨，在得知发行第二天认购申请表销售统计数后，我们预估认购申请表可能不够，赶快启动应急方案，电告上海印钞厂速印一箱 1 万张大面额（万张连号）认购申请表，第二天一大早空运至厦门。没想到公布中签率后，一些股民就找上门来与我们理论，要求解决由于销售网点多而发生"断号"的问题。我们用之前学到的概率知识进行解释，断号的认购申请表的中签机会不一定会少于连号的认购申请表，大部分被说服后就离开了，但有两位比较难缠，我们只能陪着继续解释，直到他们信服。事后，其中一位买了 1 万张，中间断了 36 张，本来应中签 2 张，结果中了 3 张。另一位买了 15 万张，本来应中签 37 张，结果中了 39 张。

插曲二，摇号结果公布后，中签股民纷纷拿着中签的认购申请表去网点缴纳股款。有一天，我们突然接到一个网点的来电，反映该网点收到两张中签号完全一样的认购申请表。我们认为出这种错的概率几乎为零，感到事有蹊跷，赶紧将两张表送厦门市公安局做鉴定，正巧厦门市公安局刚进口了一台高倍显微镜，那张作假的认购申请表顿时原形毕露。原来是犯罪嫌疑人用美工刀将其中的号码 8 刮成了中签号码 3，因刀工专业，肉眼一时无法辨认，但还是没逃过显微镜的火眼金睛，刮痕在显微镜下清晰可见。根据认购申请表预约登记留下的地址信息，公安干警很快将犯罪嫌疑人抓获，最终该犯罪嫌疑人以扰乱金融秩序罪得到了应有的惩罚。其实，在设计认购申请表时，我们已经在上面做了 4 个方面的防伪标记，但意料之外的事还是发生了。

图 3　1993 年，发行厦工股份项目间隙，上海申银证券公司 3 位项目组成员合影。从右至左分别为项目经理蒋登富（本文作者）、李明文（后成为厦华电子项目组成员、上海申银证券公司北京分公司负责人）、顾振宇（后成为厦华电子发行项目经理）

在厦门做项目的半年时间，极大地丰富了我的人生阅历。每当回忆起这段经历我不禁感慨万千，当年我们凭着一股拼劲和追求卓越的精神，克服重重困难，取得了骄人的战绩。厦工项目完成数周后，厦华电子总经理主动找上门来，请我司做发行厦华股票的主承销商，并很快与我司签订了代理发行协议。这意味着 1993 年国家给予厦门市的 5000 万元发行额度，由我司全包了。

一晃 30 年过去了，用今天的眼光去审视当年实施的“额度管理审批制”和“无限量发行认购申请表”方式，不免感觉很落后、很原始，甚至有点不可思议，但在高度计划经济的年代，若想突破意识形态的桎梏，打破思想的禁区，开展业务创新，需要探索者拿出敢于牺牲的勇气并付出不懈努力。我庆幸自己能作为那个火红年代的一分子，在推动中国资本市场发展的道路上留下了一个奋斗者的足迹。■

■ 作者简介

蒋登富，曾任上海对外贸易学院（现为上海对外经贸大学）讲师、上海申银证券公司发行部经理、国际管理总部综合研究部经理、申银万国证券（香港）公司高级经理、申万宏源证券有限公司国际业务总部市场发展部经理。

因爱而遇，不改初心

——我的证券文化传播之旅

佘晓萌

“承史传世、岁月流金，欢迎来到中国证券博物馆。这里是上海证券交易所旧址，从数千件珍贵藏品到这幢百年建筑，都诉说着中国资本市场发展的故事，也展现着改革与创新的勇气。”每次在这样的开场白之后，我都会为参观中国证券博物馆的观众带来一场别开生面的志愿讲解服务。从中国证券博物馆筹备到正式开放运营的5年多时间里，我与中国证券博物馆结下了不解之缘，对它的了解和热爱也不断加深，我由一名文博爱好者成长为红色故事讲解员、证券文化传播者。

我是上海证券交易所的一名员工，也是中国证券博物馆的首批志愿者和讲解员。2022年8月，我代表中国证券博物馆参加了“新征程·新奇迹——2022年上海市红色故事讲解员大赛”，讲述中国资本市场发展的故事，有幸荣获“优秀讲解员”称号。

图1　2022年8月，佘晓萌参加上海市红色故事讲解员大赛

缘起 2017——荣任中国证券博物馆首批志愿者

2017 年 9 月，我投稿的散文《博物馆漫游记——说说“下馆子”的那些事儿》在内部刊物《上交所》2017 年第 3 期刊登。当时恰逢上海证券交易所牵头筹办中国证券博物馆，时任理事长吴清同志阅读了我的文章后，批示道：“建议将余晓萌同志吸收为文化项目小组兼职成员，帮忙出出主意。”由此，我有了一个特殊的身份——中国证券博物馆首批志愿者。

时值庆祝改革开放 40 周年前夕，成立全国性证券行业博物馆，记录中国资本市场发展历史，讲述中国资本市场发展的故事，成为一件迫切而又具有重要意义的事。文化项目小组精心策划，邀请了一批中国资本市场发展早期的亲历者做口述采访，抢救关于资本市场的“历史记忆”。我有幸化身记者，参与了上海证券交易所第一任总经理尉文渊、上海证监局原局长张宁、证券行业传奇人物阚治东、“中国第一股民”杨怀定等人的采访工作。在采访过程中，受访者讲述的中国资本市场在 30 多年发展历程中一路成长的故事让我心潮澎湃，我深切地感受到文化项目小组对证券文化事业的用心，只有真实地记录这些带有时代烙印的声音，才能真切地保存那一段段鲜活、充满温度的资本市场改革创业史。

2018 年，中国证券博物馆在上海证券交易所旧址——上海市黄浦路 15 号浦江饭店揭牌，这座百年建筑迎来新生。我仿佛听到了那面开市铜锣在孔雀厅里“铛铛”奏响，犹如历史的回声，欢迎每一位嘉宾来聆听资本市场启航地“芝麻开门”的故事。

续缘 2019——录制中国证券博物馆语音导览

两年后的一天，我清晰地记得那是个炎热的午后，我和 3 位志愿者一起来到专业录音棚录制中国证券博物馆语音导览。虽然我在读书时有过当播音员的经历，但毕竟不是专业出身，一想到这次录音即将面向广大社会观众，心中难免有些紧张。中国证券博物馆的“金牌讲解员”李刚老师是我们的“前辈”，他不仅录制自己的内容，还悉心指导我们如何吐字、断句、换气。经过他的点拨，我对“句读”有了新的领悟。

两场录制后，我明显感觉到第二次比第一次表现得好。这是我和中国证券博物馆的第二次结缘，我从采访者转变为讲解员，并在讲解录制中不断充实知识储备，提高讲解技能，逐渐成长为一名真正的证券文化传播使者。如今，若是你通过中国证券博物馆微信公众号收听语音导览，就会听到一个浑厚的声音以及几个略带青涩的声音。我自己听来也仍然会感慨，当时多么幸运能够和志同道合的朋友们一起通过线上语音导览服务将证券历史文化传播到更广阔的世界。

再聚 2022——参加红色故事讲解员大赛

念念不忘，必有回响。平日里，我的工作充实忙碌，大多时候只能通过微信、网络跟进中国证券博物馆的动态，不期然我要到赛场上介绍它。2022 年 8 月初，我接到上海证券交易所党务工作部的紧急通知，让我代表上海市金融工作委员会以中国证券博物馆志愿讲解员的身份参加由中共上海市委宣传部、中共上海市委党史研究室等单位联合主办的“新征程·新奇迹——2022 年上海市红色故事讲解员大赛”。我在不到一周的时间里进行了突击准备，重温博物馆讲解词，撰写自我介绍。在紧锣密鼓的节奏中第一次体验了“一镜到底”无卡顿拍摄，没想到我提交的初赛视频竟然入围了。复赛时又有新挑战，赛前 24 小时抽取讲解稿件，现场抽取讲解对象，线上模拟情景讲解，在陌生、新颖的比赛中，我用声音和情感去展现一名金融行业志愿讲解员的风貌。庆幸的是，在志愿者组 30 进 10 的挑战中我杀出重围，进入了决赛。

决赛把赛程的热度拉向了新高点，红色故事讲解、党史知识竞赛、情景微党课“三步走”。我需要准备的内容更多了，而且意料之外的是，同台竞技的不但有 9 位优秀的志愿讲解员，还有 20 位专业讲解员。为了在仅仅 3 分钟的比赛中发挥得更好，我从以下三个方面着手准备：第一，在红色故事中体现金融特色。我选择了上海改革开放发展史这一红色主题，讲述中国证券博物馆见证中国资本市场成立和改革开放的故事。第二，用“一条线索”展现中国资本市场 30 年波澜起伏的画卷。“一条线索”即上海证券交易所开市铜锣和科创板开板铜锣，两面铜锣都陈列在中国证券博物馆的孔雀厅，一面面向过去、一面面向未来，交相呼应。第三，通过练习、练习、再练习，在赛场上展现最佳状态。我利用业余时间抓住一切机会练习，邀请同事、朋友、家人当评委，给我指出不足，不断改进。在决赛的舞台上我的讲解开始了，“承史传世、岁月流金，欢迎来到中国证券博物馆”，当这段在唇齿间不知道萦绕过多少回的文字流淌出来时，我再一次感受到 5 年前的热血沸腾。

这次跨赛道获奖更加增进了我与中国证券博物馆的情感，诸多领导、老师们的关怀和帮助，让一个文博爱好者的“博物馆之梦”由文字成为现实。

中国资本市场的故事源远流长，它呼唤更多的年轻人、金融人去传播流金岁月里的故事，也支撑着每一个资本市场追梦人、筑梦人去绘就改革发展的蓝图。用热爱坚守初心，用热情传递精神，让我们一起来做证券文化传播的使者，助力中国特色资本市场发展之路的光辉未来。■

■ 作者简介

佘晓萌，上海证券交易所交易监管部高级经理，中国科学技术大学硕士研究生。热爱演讲活动，热心志愿服务，上海证券交易所党史宣讲队队员、中国证券博物馆志愿讲解员。

专题研究

近代中国公债产生的历史背景

中国证券博物馆课题组

上海、广东是近代中国对外开放的最前沿，二者公债的产生具有共同的历史背景。鸦片战争后，清政府陷入了内忧外患的困局，财政状况急转直下。一些开明的地方官员试图通过洋务运动进行自救，开始向国内外借款，以缓解清政府的财政困难，西方公债思想逐渐在上海、广东等沿海开放区域传播开来。西方列强的入侵和洋务运动的刺激间接推动了中国现代金融业的发展，为近代中国公债的产生创造了条件。19 世纪末，甲午战争和列强瓜分中国的狂潮瓦解了清王朝的统治基础，清政府财政体系趋于崩溃，不得不采取包括发行公债在内的多种手段增加财政收入，维持其摇摇欲坠的统治。

近代中国公债产生的思想基础

中国古代财政史源远流长，至清朝时已形成了一套完备的财政思想和财政体系，但中国传统财政思想中没有现代意义上的公债理念，也没有政府向民间借债的传统。在内忧外患的晚清变局中，康雍乾时期积攒的上亿两白银财政库余逐渐消耗殆尽，清政府不得不开拓新税源弥补财政缺口，上海、广东等地督抚为解军需之急曾多次向中外商民借款，但清政府从根本上仍保持着传统的财政观念，不愿向本国商民借款。西方公债思想随着开放通商、洋务运动和中西交往的不断深入而得以引入和广泛传播，清政府在最后 15 年的财政危局中迫不得已转变财政理念，将其运用于实践，但效果不甚理想。

一、公债理论的引入

西欧诸国自文艺复兴后，便摆脱了中世纪思想文化的束缚，政治经济理念不断发展，公债制度和公债思想体系日臻完善，先后出现了以亚当·斯密、李嘉图等为代表的古典学派公债理论，以迪策尔、道尔顿和凯恩斯为代表的新兴学派公债理论，以及马克思、恩格斯的公债理论等，西欧各国的公债实践表明这是一种行之有效的财政手段。

鸦片战争后，清王朝被迫向西方列强开放，西方思想文化随着商品输入中国，给晚清士大夫阶层在思想意识层面上带来了前所未有的冲击，林则徐、魏源等人成为最早开眼看世界的知识分子，开始收集译介西方列国资料，并提出“师夷长技以制夷”的口号，但他们的呼号并未触动根深蒂固的封建桎梏，巨额的赔款也未对当时的财政体制带来太大的冲击。

直到19世纪60年代，经过第二次鸦片战争的惨败和太平天国运动的打击，清政府中的开明地主阶级深刻认识到了内忧外患的严峻形势，他们在“中体西用”思想的指导下，掀起了自强求富的洋务运动，通过学习西方先进技术来维持清王朝的封建统治，中国工业化和近代化蹒跚起步，西方的思想理论开始大规模地译介传入中国。洋务运动带动了新一波西学东渐的浪潮，西方知识与制度在中国进一步传播，较早接触西方理论的一批中国士人和官员开始对西方国家的公债理论、制度和具体运行情况有了初步了解。

西方舶来的新式词汇、新术语开始被大规模、系统性地引入中国。上海、广州是中国最早一批开放的口岸城市，商贸活跃，是各种知识和信息的“中转站”和集散地，因此，早期的公债概念和知识大多经由上海、广州传播开来。

西方公债思想传入中国主要有三种途径。第一种是清政府成立的官办翻译馆、新式学堂等机构翻译的各类西方著作，如京师同文馆、上海同文馆、江南制造局翻译馆、南洋公学等，在这些机构译著中，许多经济学、财政学书籍都提到了公债。1891年江南制造局编译的《保富述要》第五章中有一节专门论述国债，提到“不能换钱之票”，又称“无限钱票”即为国库券，并对国债的作用、利弊进行了分析。第二种是在华洋人翻译或撰写的经济、财政类相关著作中关于公债概念和理论的介绍，如1885年英国传教士艾约瑟翻译编写的《西学启蒙》之一《西学述略》经济卷中专门列有国债一节[①]。第三种则是晚清官员士大夫阶层、驻外官员、学者、留学生和商人等在与西方交流和游历过程中撰写的各类著作，既有关于公债理论实务的内容，也有关于公债的见闻、心得和思考等，部分还重点提到了公债发行情况。1876年，宁波海关副税务司文牍李圭访问英国伦敦后写道“国债的运作，乃是彼此上下，有无相通，而子母之权，亦彼此上下均操之，交征利而国不威，可谓是别一道的筹款方法”[②]。1883年，随轮船招商局总办唐廷枢游历西欧各国的袁祖志也曾记载“德国每岁用于前一年核定，计数征税，不足，则济之以国债”[③]。1884年，曾随团出使过德国的洋务派幕僚钟天伟上书张之洞，提出举借国债以济国用，此后他还进一步提出“大开铁路，如不借洋债，则不能集事，如借洋债，则贻害无穷，因此应该先借商款为渐开国债地步”[④]。1887年傅云龙在被清政府派往日本、美洲考察时所撰写的《游历日本图余记》等书中包含了关于日本新名词的辑录，其中便包括“国债”一词。这些中西交往过程中的见闻和思考立足于当时的国情，相较于译著中刻板的理论知识更为实际。

总体而言，这些早期引入的公债观念仅是译著中的概念、简介或是见闻随笔中的片段，大多是泛泛而谈，不够深入、系统。从甲午战争后“息借商款”“昭信股票”这两次公债的发行情况来看，当时公债观念的引入还比较浅显，甚至混淆了“借款”“股票”“公债”的概念。

二、公债思想的传播

甲午战争前后，如雨后春笋般出现的近代报刊加速了公债思想的传播和普及，《万国公报》《申报》《字林西报》《时报》等一批报纸在上海创办，上海作为近代经济最为活跃的地区，是公债思想传播的枢纽。广东则有《羊城采新实录》《述报》等报刊，影响力相对小一些。许多报刊设有财经专栏，报道西方公债发行情况，西方公债思想得到广泛传播。

1873 年 4 月 21 日，《申报》发表《国债说》一文，道出了历代王朝之所以不向民众借款是因为“有伤于国体也”，并介绍了西欧诸国若财政资金不足“则借贷于民，帑款盈则偿还于民，上无支绌之虞而下有得息之利”，如果中国能仿效则可以将公债募集到的资金用于“治河道、造轮船、济军饷以及通商利用等”，必将有利于国家富强。[5] 可见，当时人们已经认识到公债的引入可以积极推动国家建设等。此后，1873 年 5 月 27 日，《申报》又以《国债数目》为题详细介绍了西方各国公债及发行情况。[6]1875 年 3 月 22 日的《申报》以《国债总说》为题大篇幅介绍了英国、美国、德国等国的国债规模情况，并指出公债是重要的理财之法。[7]《申报》记录了近代上海社会变迁，经检索，19 世纪《申报》上关于“国债”的信息有 183 条，关于“公债”的信息 126 条，而且呈逐年增多的趋势，反映了公债思想不断传播的过程。

1896 年，《时务报》第八册上篇刊登了《美国的财政日窘》一文，译自《东京经济》杂志。同年 9 月 19 日，该报第十册又刊登了《德国国债》一文，译自《伦敦东方报》。

这一时期，报刊的创办推动了公债等财政理念的传播，也对欧美诸国的公债情况做了更多具有时效性的报道或转载，有助于国人了解西方公债思想，但仍显得零散片面，不够系统。甲午战争前，中国仍未出现具有实质意义的公债实践。

三、公债观念的转变

甲午战争的失败标志着洋务运动的失败，这是近代中国社会思潮的“分水岭”，其结果不仅在于否定了旧有的各种思潮，同时也激发了维新思想和资产阶级革命思想的兴起。

日本明治维新取得的发展给中国社会带来了巨大震撼，中国士人除了继续关注西方的思想理论外，也将学习的目标转移到了日本，尤其是财政方面的公债制度。甲午战争时，日本曾发行大量公债以筹集战争经费，用于战争的公债收入达 1.168 亿日元，占日本军费总额的 51.9%[8]，是日本战时军费体系的主体[9]，日本发行军事公债对清政府的公债观念有一定影响，对维新派和革命党人也有启迪作用。

1896 年，维新派人士康有为在比较了中日政治经济差距后，收集编撰《日本书目志》一书，专门列出了与公债相关的文献，以介绍西方公债理论。[10]

维新派的另一代表人物梁启超是清末民初对公债的研究和论述最为系统、深入的学者，作为维新派机关报《时务报》的创办者和主笔，他接触到了许多西方公债思想和实践，梁启超认为公债是“今日文明国生计社会中一日不可离之物品也”[11]，并依据西方资本主义国家的公债理论，写下了大量公债论著，如《中国国债史》《外资输入问题》《国民筹还国债问题》《再论筹还国债会》《公债政策之先决问题》《偿还国债意见书》等，既从总体上对公债进行了分析，又从内外债不同侧面加以探讨，形成了关于公债的概念、流通、用途、发行与偿还的公债理论体系。梁启超是近代公债思想的集大成者，他的公债论述是中国公债思想逐渐形成的标志。[12]他主张创办证券公司来进行公债的发行与偿还，认为国家需要具备完善的“股份懋迁公司”[13]和“银行”[14]。梁启超也对清政府的政治腐败、滥发公债、挥霍浪费公债款进行了深刻揭露和批判，他认为发行内债优于外债，可以此来发展民族经济，这些公债思想和主张具有很强的进步意义。

1901 年，清末民初开明士人、外交官钱恂在其出任湖北留日学生监督之际，整理留日学生情况，广泛了解日本政治经济制度，著成《财政四纲》一书[15]，包括租税、货币、银行、国债四卷。钱恂在“国债”卷中对国债的缘起以及近代各国国债的情况进行了介绍，并对国债与租税的关系、国债的类型及其利弊、国债的募集、国债的管理和偿还等问题做了较为详尽的分析阐述。与税收相比，他认为国债的优点在于能为疏浚河道、修造桥梁、大兴土木等政府建设募集资金，但不能将国债用于弥补政府日常开支不足，这表明当时清政府中的部分官员已对国债有了更深的认识。

1901 年，晚清著名翻译家严复翻译了亚当·斯密《国富论》，在“论国债”一节中，除了翻译亚当·斯密的公债学说外，严复还结合中国公债开展情况及用途与西方进行了对比性分析，认为英法举债主要是用于军事扩张，民众可通过后续商贸获利，而中国则主要是因战争赔款举借外债，民众没有获得公债利息收益。[16]

总之，甲午战争后国人对公债的认知进一步深化，社会中出现的关于公债的各种书籍、论述已涉及公债各个要素环节。正是在公债思想观念的转变过程中，清政府先后进行了几次国债和地方债的发行尝试，但募集制度和流程都极不规范，清政府作为公债发行主体缺乏对社会潜在认购者的分析，公债发行没有正式发行机构，官民对于公债的认识也严重偏颇，对“借款”“公债”“股票”的内涵不明确[17]。不论是 1894 年因筹集甲午战争经费而发行的“息借商款”，还是 1898 年由于维新思想和变法运动而发行的

“昭信股票”，清政府对公债的认识尚处于不断深化的过程中，直到1905年袁世凯发行直隶公债和1911年清政府发行“爱国公债”，才基本明确了公债的内涵，西方公债理论逐渐得到成熟运用。根深蒂固的传统财政观念也影响了公债的发行，公债募集主要依赖于户部和地方衙门的命令，清政府在募集过程中采用“记功”“授衔”等方式[18]，实际操作与传统筹款方式相似。加上战争还款的沉重负担已使民间怨声载道，清政府首次发行的公债因此信誉度受到影响，不但没有完成发行任务，市场上的公债流通也较少。

在推动中国近代公债思想转型方面，很大程度上受到了日本的刺激和影响，20世纪初中国财政学新名词大多取鉴于日本。近代国人对公债的认识理解可以略分为一般常识性知识介绍、基本学理说明、实用操作知识的输入与传播三个阶段。[19]“公债”一词也在近代中西经济交流和碰撞实践中经历了词义的现代性转换，逐渐形成了公债的观念转型、理论构建与国家实践构建。通过国人对公债概念不断深入的认知过程，也可以看出公债作为财政手段对晚清财政制度、理念产生的影响。

近代中国公债产生的金融环境

晚清时期，随着口岸贸易的迅速发展，外国资本和外商银行不断涌入中国，以传统钱业和新兴的银行业为主体的近代中国金融业在这一过程中逐步发展起来，上海、广州、天津等地成为资金聚集、融通的中心，为股票、公债等现代融资方式的产生培育了土壤。随着晚清民族工业的发展和口岸经济的繁荣，一些商贾富人和买办阶级积累了原始资本，近代金融业开始兴盛，国内商民购买公债的观念在此过程中也发生了变化，为晚清政府由举借外债转向发行内债创造了条件。

一、外资银行的出现和发展

鸦片战争后不久，外资银行便开始进入中国金融市场，以商品贸易为媒介进行资本输出[20]。1847年，英商开办的丽如银行在上海开业，这是近代中国第一家外资银行，到19世纪60年代中期，已有10家外资银行在中国设立分行，其中9家是英国的。在晚清的70多年时间中，列强资本不断涌入中国，以英国资本为主导，包括法、德、日、俄、美等国资本在内的几十家银行相继在华设立分行。

外资银行大多集中在上海、广州、天津等口岸贸易活跃的区域。由于上海口岸贸易最为活跃，加上上海租界面积大、享有治外法权，丽如银行、法兰西银行、汇丰银行等外资银行凭借上海得天独厚的政治经济环境，不断扩大经营业务，迅速发展起来，上海逐渐发展成为近代中国的金融中心。

有实力在华兴办银行的大多是西方知名银行、财团或股东为从事国际贸易的大公司。外资银行带来的资金最初主要投资经营口岸贸易的西商公司，从事存贷款、汇兑等业务，后来拓展到发行钞票、经理外债、代理关税等，它们不但垄断了中外贸易，还操纵外汇市场，影响了中国金融业发展。

甲午战争后，西方列强的重心开始从商品输出变为资本输出，德华银行、华俄道胜银行、横滨正金银行、花旗银行等一些具有政府背景的外资银行相继在华成立，并在各地设立分支机构，扩充地盘和业务，形成了控制和垄断中国经济的金融体系，外资银行成为西方列强资本输出的重要工具。

近代以来，由于多次面临巨额战争赔款、镇压国内起义以及各类军政建设需要，晚清政府需要应对严峻的财政困局，而国内经济凋敝、政府入不敷出、人民生活负担沉重，传统钱庄票号财力也相对薄弱，以马建忠等为代表的部分洋务派知识分子提出举借外债的主张，“用洋人之本，谋华民之生”[21]。因此，19世纪中晚期，晚清政府开始了向外资银行借债的尝试。外资银行凭借其雄厚的财力基础，在上海等地的金融市场长期处于优势地位[22]。

晚清政府筹措急需用款在很大程度上依赖外国资本，如上海道多次向汇丰、麦加利、德华、华俄道胜、花旗等洋行借款，左宗棠西征借款以及海防筹款等也主要依靠外资银行。在列强侵略的背景下，通过资本输出给予清政府大量借款，清政府以关税、盐税为担保，西方列强趁机控制了中国的海关和财政金融。清政府举借外债陷入了帝国主义经济侵略中国的恶性循环，对外债的依赖加速了中国沦为半殖民地半封建社会的进程。

二、民族资本的产生和积累

中国传统金融业主要有钱庄、票号和典当等机构。钱庄为各类商号、商铺提供融通资金，票号主要承担国内汇兑，典当则主要为急需资金的商民将资产变现以供周转。由于外资银行带来的资金主要投资于在华从事贸易的西商洋行，在最初很长一段时间内并未对中国传统金融业带来太大影响。

随着口岸贸易的急剧增长，外资银行迅速发展起来。在外商逐渐熟悉中国社会文化和经济环境后，外资银行和钱庄产生了庄票往来业务和拆借贴现业务，外资成为上海等地钱庄的资金供应者，同时也促进了传统银钱业的发展，形成了一批从事金融中介的掮客和买办阶层。此外，19世纪50年代，小刀会起义和太平天国运动对上海周边地区造成了很大影响，一些商贾富人逃往上海，民间资金大规模向上海租界聚集，上海成为资本的集中地。

清政府的对外借款大多经由钱庄出面进行筹借，如左宗棠西征借款，由商人胡雪岩经手代借外款5次，共1000多万两白银。外资银行在一定程度上推动了民族资本和银行业的发展，也对传统金融行业带来了巨大的冲击，对传统银钱业制度、理念和管理产生了积极影响，促使中国官民开始兴办本国的银行。

洋务运动兴起后，华资企业大多采用官商合办或官督商办的形式，李鸿章、盛宣怀等一批买办官员迅速积累了大量个人财富。以洋务派企业家郑观应为代表的部分官员，主张“借内债优于借外债”，并对借债成本、利息、途径和规模等问题做了阐释和研究[23]。1897年，盛宣怀上奏朝廷请求开办中国自己的银行，并草拟《中国通商银行大略章程》[24]，独资创设通惠银号，并组织资本家虞洽卿等参与发起筹办中国通商银行的活动[25]，通过官商合股的形式创办了中国第一家华资银行——中国通商银行。

自1897年中国通商银行在上海成立后，中国人自办的新式银行开始涌现、蓬勃发展，如户部银行（后改称大清银行）、浙江兴业银行、信义银行、四明商业储蓄银行、裕商银行、交通银行等。新式银行的出现，奠定了国内公债发行的金融基础。

三、证券市场的萌芽与发展

近代以来，西方列强不但带来了商品与资本，也带来了新的企业组织形态和金融形式。进入上海、广东等通商口岸的外国资本和外资企业大多采用股份制形式，到1870年前后，外商在华兴办的各类股份制企业达100多家[26]。19世纪60年代，上海出现了外资股票和债券交易市场，到1891年时出现了证券交易所的雏形——上海股份公所。近代上海证券市场存在着西商和华商两个不同体系[27]，两类证券市场自成一体，西商证券市场起步早于华商证券市场，推动了华商证券市场的发展。

1872年，轮船招商局开始发行股票，这种集资募股的方式也被民族工商业采用。以轮船招商局为例，一部分官僚、地主、买办和商人在投资附股外资企业的同时，也开始出资办厂或投资本国企业股票。随着近代中国企业的兴起，大量股票和债券产生，华资股票交易也出现了，到1882年时还出现了专门经营股票买卖的上海平准股票公司，中国证券市场开始萌芽。由于新式企业利润丰厚，加上个别企业发放优厚股息的刺激，上海商人热衷于投资其股票、债券，刺激了上海华商证券市场的发展。

早期证券市场以股票交易为主，晚清时期中国证券市场中外资股票较为活跃，西商证券市场占据着主导地位，中国商民参与度相对较小。这一时期中国公债仍处于探索时期，公债制度与公债市场尚处于萌芽阶段，公债发行模式尚未成型。

近代中国公债产生的直接原因

一、晚清政府的财政危局

康雍乾时期，中国的封建经济呈现出繁荣的局面。由于实行摊丁入亩和实物地租向货币地租转变等政策，国库仓廪充实，财政盈余达到历史顶峰。然而，至嘉庆、道光年间，故步自封的清王朝闭关锁国、日渐腐朽，灾荒频发，社会动荡时起，各种开支有增无减，清政府财政收支盈余呈现出逐渐下降的趋势。

第一次工业革命后，英法等西欧诸国的生产力得到了空前发展。为寻求工业生产的原料供应地和商品倾销地，英法等国在世界各地进行殖民侵略活动，幅员辽阔、人口众多、市场潜力巨大的中国成为西方列强侵略的重要目标。在此背景下，1840年，英国向中国发动了鸦片战争。

鸦片战争后，中国开始沦为半殖民地半封建社会。清政府用于鸦片战争的军费开支、战争赔款以及被英军掠夺勒索的款项，共计4500多万两白银[28]，相当于当时清政府一年的全部财政收入。这次战争给清政府带来了巨大的财政压力，也开启了清政府战争赔款的先例。在这之后的几次列强侵略战争中，索取巨额赔款成为列强掠夺中国的首要方式，清政府的财政逐渐入不敷出。

西方列强的入侵和统治阶级的腐朽激化了统治阶级与社会大众的矛盾，爆发了太平天国运动、捻军起义等反抗运动。为镇压此起彼伏的农民起义，清政府投入了大量人力财力物力，军费开支急剧增加[29]。从1851年太平天国起义到1873年西北回民起义被完全镇压，中国经历了长达24年的战乱，清政府用于镇压农民起义的军费至少达6.3亿两白银[30]。在众多反抗运动中，太平天国运动持续时间长、影响范围广，占据了作为清政府重要财政收入来源地的南方广大区域，造成清政府财政收入锐减[31]。晚清政府财政在太平天国运动期间曾数次收不抵支，户部历年积累的库余也消耗殆尽。

太平天国运动被镇压后，清政府的财政状况虽从困境中得以恢复，但西方列强对中国的侵略也变本加厉，接踵而来的列强侵华战争带来的军费开支和战争赔款使已捉襟见肘的清政府财政雪上加霜，急剧恶化。

1894年甲午战争再度加剧清政府财政收支失衡，财政状况出现了前所未有的危局。为了解决军需用款，清政府先后向汇丰银行等借了四笔外债，共计4100多万两白银。战争结束后，清政府被迫向日本赔款2亿两白银，加上“赎辽费”3000万两白银，这与当时清政府“合洋税、厘金、正供、捐输，每岁不过七八千万”[32]的财政收入相差悬殊，清政府不得不大规模举借外债。

此后，帝国主义加紧了对中国的侵略和瓜分，激起了席卷山东、河南、直隶等华北地区的义和团运动，列强趁机发动八国联军侵华战争，迫使清政府签订了《辛丑条约》。其中，巨额战争赔款本息累计高达近10亿两白银，清政府财政处于崩溃边缘。

二、晚清财政的补救变革

在鸦片战争后到甲午战争前的半个多世纪中，清政府财政虽历经多次危机，但财源潜力尚可挖掘。为增加收入，清政府采取了诸如财政整顿、开源节流等措施，还通过各种名目的苛捐杂税加强对人民的搜刮盘剥。1875年，清政府财政年收入已达6000万两白银左右，到甲午战争前，其岁入则达到8000多万两白银[33]，与以往相比大幅增加，收支相抵后略有盈余，清政府财政仍可勉力维持。

晚清政府由于无力应对庞大的地方军政开支，不得不允许地方自行“就地筹饷”，加征捐税。其中，最具代表性、影响深远的莫过于厘金的推行。厘金收支完全由各省掌控，增强了地方督抚的财政自主权，地方征税积极性提高，对化解清政府财政危机起到了重要作用，也深刻影响了清末财政收入结构和财政体制。在洋务运动和清末新政的推动下，各省财政自主权不断扩张，造成“户部之权日轻，疆吏之权日重”，使地方政府在财政收支方面有了更大的转圜余地，为各省自行借债、发债创造了条件。

为了挽救国家危亡，维持清王朝的统治，清政府中的开明派和受资产阶级民主思想影响的知识分子先后开展了洋务运动、戊戌变法、预备立宪等救亡改良运动，推动了近代中国社会的思想启蒙，也促进了近代工商业和民族资本主义的发展。这些救国探索无论是从资本主义生产方式的运用上，还是从近代西方经济理念的实践上，都直接或间接地影响了晚清政府财政理念和债务观念的转变。

三、晚清公债的发行尝试

近代西方列强的侵略、内部动荡以及清政府自身的腐朽，使得清政府财政危机不断加深，在穷尽各种财政增收手段后，清政府迫不得已通过举借外债来挹注财政。

自1853年苏松太道道台吴健彰向上海洋商“借船助剿”开始，清政府向外举债，财政自主权进一步受制于西方列强。至甲午战争前的各次重大军事行动及修建铁路等重大建设，如镇压太平天国、左宗棠西征镇压回民起义、收复新疆、中法战争，以及其他军政开支筹款，左宗棠、沈葆桢、李鸿章、张之洞、盛宣怀等晚清地方重臣都曾大规模举借外债，总债额约计库平银4470万两[34]。这些借债行为大多经清廷批准或授意，直接影响了清廷债务观念的变化。

甲午战争前，中国社会出现了银价下跌、金价上涨的局面，使得清政府在还款时需承担银价跌落造成的“镑亏”损耗，致使清政府财政权益受到严重损害。面对日益恶化的财政状况，清政府的借款对象由西商扩展至本国商民，解决财政问题的方式也由举借外债转变为外债与内债并重。

近代中国国内公债是在列强侵华和外资刺激推动的背景下产生的。1894年甲午战争爆发时，户部认为中国人口众多，试图效仿外国，通过在国内发行公债的形式[35]，“合天下之地力人力财力，类别区分，各出其余”[36]。户部举借的“息借商款”，是近代中国首次将公债作为一种新型财政手段，以缓解清政府紧急的财政困境，也是学习西方财政制度、摆脱列强经济控制的尝试。

1894年，清政府为筹措甲午战争军费，向官绅商民“息借商款”。该项借款是因紧急状况而进行的“借款”，但已经基本具备了公债的各项要素，是清政府最早发行的公债。1898年清政府为偿还对日赔款而发行的“昭信股票”，虽名为“股票”，实际上是公债。之后，在清末新政的施行中，公债这一现代财政手段开始被地方政府所采用，但已无法挽回清政府衰亡的颓势。

在急速走向崩溃的最后十余年中，清政府发行的“昭信股票”“爱国公债”等国家公债、直隶公债等地方公债试图摆脱对外债的依赖，但基本上都以失败告终。可见，在西方列强控制了经济命脉、占据金融体系优势主导地位的情况下，本国金融资本和商民的财力，不足以为国内公债发行提供强有力的支撑。

经济发展是公债发行的物质基础，在当时的社会情况下，清政府对外战争连连失利，对内搜刮民脂民膏，民间并无足够财力支持公债的购买，普通民众无论是从经济条件、购买能力上还是从认识观念上，都很难参与公债的购买。晚清时期，官僚地主和买办阶层在民族工商业的发展中积累了一定的资本，他们成为购买公债的重要主体[37]，清政府“息借商款”和“昭信股票”的发行对象也是“乡绅富民”。

由于清政府因循守旧、丧权辱国，失去了民众的信任，也就失去了公债发行最基本的要素——公债信用，再加上时局动荡，饱受帝国主义侵略，因此，清末“息借商款”“昭信股票”“爱国公债”三次国家公债从募款金额完成情况来看基本上是失败的，发行的一些地方公债除直隶公债外募集情况也不甚理想。虽然清末发行的各项公债章程中均规定可以转让售卖，但这一时期大多数公债并未进入市场流通，交易量很小，加上没有专门的公债交易场所，因此未形成真正意义上的公债市场，只能称得上公债发行的萌芽。■

（本文为广州金融发展服务中心支持课题“近代沪粤公债之比较研究”成果节选）

■ 注释

① 叶世昌．经济学译名源流考［J］．复旦学报（社会科学版），1990（5）：16–20.

② 李圭．环游地球新录［M］．长沙：湖南人民出版社，1980.

③ 潘光哲．晚清士人的西学阅读史（1833—1898）［M］．台北：“中央研究院”近代史研究所，2014：262–265.

④ 潘光哲．晚清士人的西学阅读史（1833—1898）［M］．台北：“中央研究院”近代史研究所，2014：262–265.

⑤ 国债说［N］．申报，1873-04-21（3）.

⑥ 国债说［N］．申报，1873-05-17（3）.

⑦ 国债说［N］．申报，1875-03-22（1）.

⑧ 崔金柱．甲午战争期间日本的军费筹支［J］．世界历史，2015（2）：69–77.

⑨ 孙涛，庞宝庆．甲午战争时期日本战时军费体系初探［J］．赤峰学院学报（汉文哲学社会科学版），2016，37（8）：37–39.

⑩ 蒋贵麟．日本书目志［M］．台北：宏业书局有限公司，1987：198–212.

⑪ 梁启超．饮冰室合集［M］．北京：中华书局，1989.

⑫ 卢文莹．梁启超——近代公债思想的集大成者［J］．财贸研究，1993（6）：61–63.

⑬ 懋迁意为贸易，股份懋迁公司即证券交易所。

⑭ 占绍香．略论梁启超的公债思想［J］．中南民族大学学报（人文社会科学版），2003，23（2）：4.
⑮ 钱恂．财政四纲·国债［M］．1903：绪论，3-5.
⑯［英］亚当·斯密．国富论［M］．北京：商务印书馆，1981：764-765.
⑰ 武建新．中国近代公债市场研究［D］．北京：中央财经大学，2018.
⑱ 潘国旗．近代中国国内公债简论［J］．贵州师范大学学报（社会科学版），2005（2）：18-24.
⑲ 桑兵．近代中国的知识与制度转型［M］．北京：经济科学出版社，2013：640-641.
⑳ 马金华．外债与晚清政局［M］．北京：社会科学文献出版社，2011.
㉑ 彭立峰．晚清财政思想史［M］．北京：社会科学文献出版社，2010.
㉒ 刘杰．中国近代银行业的公债经营与制度变迁（1897—1937）［D］．武汉：华中师范大学，2015.
㉓ 刘杰．中国近代银行业的公债经营与制度变迁（1897—1937）［D］．武汉：华中师范大学，2015.
㉔ 陈旭麓．中国通商银行［M］．上海：上海人民出版社，2000.
㉕ 刘鸿儒．中国证券［M］．北京：九州出版社，2000.
㉖ 刘鸿儒．中国证券［M］．北京：九州出版社，2000.
㉗ 张春廷．中国证券思想及证券市场研究［D］．上海：复旦大学，2003.
㉘ 周育民．晚清财政与社会变迁［M］．上海：上海人民出版社，2000：81.
㉙ 刘锦藻．清朝续文献通考卷（67）［M］．上海：商务印书馆，1912：8232.
㉚ 周育民．晚清财政与社会变迁［M］．上海：上海人民出版社，2000：153.
㉛ 严立贤．中国和日本的早期工业化与国内市场［M］．北京：北京大学出版社，1999：154-155.
㉜ 清光绪朝中日交涉史料（38）［B］．故宫博物馆本，1932：25.
㉝ 周育民．晚清财政与社会变迁［M］．上海：上海人民出版社，2000：237.
㉞ 史志宏，徐毅．晚清财政：1851—1894［M］．上海：上海财经大学出版社，2008：191.
㉟ 贾士毅．民国财政史［M］．上海：商务印书馆，1917.
㊱ 千家驹．旧中国公债史资料［M］．北京：中华书局，1984.
㊲ 刘鸿儒．中国证券［M］．北京：九州出版社，2000.

鉴往知来

汇集大众力量　遏制疫情传播

——陕甘宁边区发行的大众卫生合作社股票

张　勇

深圳证券交易所策划举办的“红色证券展”展出了一张“大众卫生合作社”股票，该股票实物现展出于中共中央西北局纪念馆“西北革命根据地暨中共中央西北局历史陈列”基本陈列。该股票票面简单朴素，编号为00775，票面信息包括社员姓名、籍贯、年龄、性别、住址、职别等持股人基本信息，表格中载有入股时间、实交股金数、经手人等信息，下方有董事会主任印记和填发时间。从票面信息来看，该股票持有人是一位姓白的女性，于1946年1月9日入股，股金1000元（边币，下同），由于年代久远和字迹模糊，其他信息难以辨识。这张股票反映了陕甘宁边区采用股份合作制的组织形式汇聚群众力量、遏制疫情传播的峥嵘岁月。

陕甘宁边区地处西北偏壤，经济落后，医疗资源匮乏，加上群众卫生习惯差，经常发生流行性传染病，不仅给人民群众的生命健康和生产生活带来了严重威胁，还制约了边区社会进步，影响着抗日战争的后方医疗保障。1944年春天，陕甘宁边区首府延安市发生了一场来势汹汹的疫情。据统计，1944年1—5

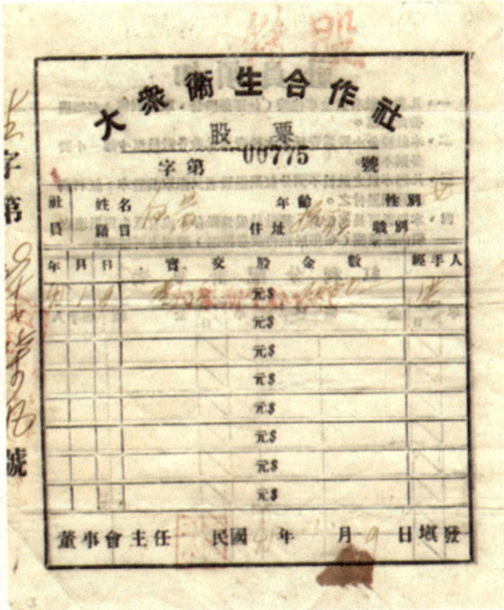

图1　大众卫生合作社股票（中共中央西北局纪念馆馆藏）

月，延安市共出生183人，死亡242人，延安市西区玉皇沟一个拥有25户人家的村庄因为疫情搬走了22户，东区一个拥有82人的村庄死了15人，全市牛、羊、驴、骡、马、猪等牲畜死亡897头，鸡死亡6575只，严重妨碍了群众的生产生活。男女老少均异常恐慌，无心从事生产，还造成民间巫婆神汉盛行，误人性命。

为了控制传染病流行，陕甘宁边区多措并举，成立防疫委员会，完善医疗保健体系，组织医疗队伍下乡巡诊，开展群众卫生运动，通过进步人士和国际友人的帮助，边区的医疗卫生工作有了很大的进步，人民群众的卫生观念有了很大的转变，很多群众经医疗抢救最终治愈，疾病的发生率和死亡率大大降低。

然而，由于医疗队伍人员有限，群众的医疗卫生需求大，许多群众不习惯住院，于是写信给延安市政府要求建立一种更为方便的医疗机构。延安市政府积极回应群众诉求，根据以往的经验和实际情况，委托商业性质的供销机构“大众合作社”负责筹建医疗组织，以满足农村医疗卫生事业的需要。

早在1939年7月，为了解决药材匮乏问题，陕甘宁边区就通过募股集资的方式在安塞县冯家墕成立了第一家保健药社，保健药社是由中共西北局保健委员会、陕甘宁边区民政厅合股开办的集制药、售卖、医疗于一身的股份制卫生医疗合作机构。保健药社章程规定“每股股金为十元，每一股东至少认购一股，多则不限”，一切社会团体或个人只要按章缴纳股金，遵守章程，经批准后均可成为股东。保健药社的募股集资为创办群众性医疗组织积累了经验。

1944年5月5日，延安市抗联和延安市南区公署共同邀请群众代表共20余人，在延安市商会发起了筹办“卫生合作社”会议，讨论了股金筹集、卫生宣传和社址、医生等问题的解决办法。大众合作社作为筹办方首先提出投资100万元，并提供场所作为社址。保健药社也提出投资100万元药材，并派一位中医应诊。会议选举延安市商会会长王克温为筹备委员会主任。随后，王克温召开全市71户商家参会的商务会议，在传达了创办“卫生合作社”的消息后，当场就有69户商家入股，不到1个小时便募集了87万元股金。

卫生合作社的成立，得到了边区各级政府和各界人士的关心与帮助。经过紧张筹备，大众卫生合作社于1944年5月25日举行成立大会，到会代表共3000余人。时任延安市市长马豫章在大会上说：“延安新市场过去渺无人烟，自建立新民主主义政权后，积极建设，现在居民逐渐增多，且由于发展生产和扶持商业，人民生活日益富裕。然年来疾病流行，死人甚多，造成了财旺人不旺的现象。卫生合作社的创办就是要达到‘人财两旺’之目的。”中共延安市委送了一幅彩绸，上面写着“保障人财两旺”，反映了群众的愿望。在合作社门首悬着一幅“大众卫生合作社”的横匾，底下是“中西医联合诊疗所”。随后，各地卫生合作社分社广泛建立起来。

大众卫生合作社采取“中西合作，人兽并治”的方针，各分社的规模因地而异，大小不一，但均设有中医、西医、兽医三个门诊和中西药房，聘请当地的中医、西医参加工作。除常驻医生外，大众卫生合作社还聘请“国医研究会七名名医轮流到社内施诊，请延大小儿科大夫在每星期一、三、五到社内应诊”。由于看病时间不受限制，随到随诊，看病免费，药价低廉，大众卫生合作社一建立，就受到了边区人民群众的欢迎和拥护。总社及附属药店一天有近10万元的营业额。至1944年7月底，西医门诊诊治1813人次，中医门诊诊治1798人次，中西医联合诊治195人。兽医门诊自7月25日增设时起，两个星期内共治疗猪、马、牛96头。

1944年7月10日，《解放日报》发表社论《开展全边区卫生运动的三个基本问题》，其中写道：“今年延市新成立的大众卫生合作社是正确执行民办公助方针的范例，应该为各地所仿效。”到1946年，陕甘宁边区共有医药合作社43个、兽医社2个。陕甘宁边区自上而下形成了以中央系统、军委系统和边区系统为主干，边区所属的民办公助性质的保健药社、国医研究会、卫生合作社、中西医药研究会等卫生机构为补充的健全、灵活的医疗网络。

1944年6月26日，大众卫生合作社召开了第一次会员大会，共有400余人到会。会议报告了一个月来的工作，并通过了合作社的简章，强调了“为社会服务，方便群众治疗，使百姓达‘人财两旺’，教育群众注意防疫、保健，消除传染疾病，以使多从事生产”的宗旨。

大众卫生合作社创办的目的是解决群众医疗困难、治病救人，同时普及医疗卫生知识，提倡科学，破除巫神迷信。凡向卫生合作社入股的，都是该社社员。《解放日报》在《救人的合作——延市大众卫生合作社介绍》中报道说，社员除按股分红外，还享有以下权利和义务，“社员得享受特别诊疗疾病之权利；

图2 版画“卫生合作社”（15cm×22.3cm），1944年延安鲁艺美术系教员彦涵作，现收藏于延安革命纪念馆。这幅木刻版画通过描绘诊断咨询场景，生动地再现了乡村卫生诊疗所里热闹的场面

社员买药给以九折优待，赤贫的社员，可量给以除账或免费；社员如患重病不能前往门诊者，该社医生当按时间之先后予以出诊；社员如需住院者，由该社负责介绍。社员的义务则为对外宣传解释及吸收社员，扩大卫生合作社的事业，并经常提供意见以改进工作。社员有入股和退股的自由，惟中途退股须经董事会批准，其入股期间之红利，于年底结账时付与之。惟于分红期间，一律不许退股，只许提取红利。大众卫生合作社社员没有名额限制，股金分大小两种，每小股为一千元，每大股为一万元”。

截至1944年7月底，大众卫生合作社共有社员1148名，学校、机关等团体会员190名，绝大部分为群众社员，收到股金104万元，其中群众股金占68.7%，合作社采取了实物入股、工钱入股、药品入股等灵活多样的入股方式。实物入股有医药用具，如筛药箩筐、药罐、切药刀等；合作社刻图章、印股票的工人和木工等做工应得工资也是入股方式之一；学校、机关等团体会员则多采用药品入股的方式，真正做到了“有钱出钱，有工出工，有药出药，大家动手，卫生合作”。

大众卫生合作社的建立，使边区医疗卫生工作深入到农村，群众的疾病可以得到及时治疗，极大地改善了农村缺医少药的状况，为边区人民群众的疾病治疗提供了有力保障，促进了边区公共卫生事业的发展。

1959年11月，在山西省稷山县召开的全国农村卫生工作会议总结了陕甘宁边区大众卫生合作社和山西省高平县开展农村合作医疗的经验，并决定在全国推广。此后，随着合作化运动的广泛开展，以股份制为主要组织形式的农村合作医疗制度在全国范围内得到推行，到20世纪70年代曾一度覆盖了95%的农村人口。

大众卫生合作社在抗日战争史上写下了光辉的一页，其组织形式也为我国社会主义革命和建设时期的农村合作医疗保障模式建立与发展积累了宝贵经验。■

■ 作者简介

张勇，中国证券博物馆研究组工作人员，馆员。

■ 参考文献

① 林间．救人的合作——延市大众卫生合作社介绍［N］．解放日报，1944-06-01.
② 马豫章．延安市半年来的群众卫生工作［N］．解放日报，1944-08-13.
③ 延市大众卫生合作社［A］．陕甘宁边区政府办公厅．医药卫生的模范［M］．1944：56-70.
④ 陕甘宁边区第一个中西医联合诊疗所：大众卫生合作社［A］．张效霞，王振国．效法与嬗变——近代中医创新掠影［M］．济南：山东科学技术出版社，2017：201-204.
⑤ 陕西省档案馆，陕西省社会科学院．陕甘宁边区政府文件选编（第八辑）［M］．北京：档案出版社，1998：281.
⑥ 卢希谦，李忠全．陕甘宁边区医药卫生史稿［M］．西安：陕西人民出版社，1994：83-84.

“国潮”记忆

——股票中的上海老品牌历史

吴福明

上海是近代中国工业的摇篮，堪称中国民族品牌之都。上海国货品牌见证了上海城市发展的历史，是上海城市精神的集中体现。在上海国货品牌中，有相当多企业曾经发行过实物股票，这些“国潮”记忆是浓缩与诠释上海品牌鲜活的载体。

一、近代“国潮”的兴起与上海品牌的塑造

近代中国积贫积弱，晚清以来，提倡国货、发展民族工业逐渐成为政府、民族企业、社团、普通民众的共识。

1905年，上海爆发旨在维护我国在美华侨正当权益的抵制美货运动；1911年12月，上海绪纶公所、衣业公所等10个生产国货衣帽的团体成立“中华国货维持会”，旨在“提倡国货、发展实业、改良工艺、推广贸易”。中华民国成立后，以振兴民族工商业、推销国货为主要内容的国货运动兴盛一时。它和抵制外货运动互为表里，助推民族工业的发展。

1910年6月，近代中国举行了第一次全国规模的博览会——南洋劝业会，集中展示了当时中国最先进的工业品，它对国货的宣传与推广意义重大。之后，各种形式的劝工陈列所、国货陈列所在中央和地方纷纷成立，各种形式的国货展览会此起彼伏，声势浩大，其中1929年的西湖博览会是民国时期规模最大、影响最广的博览会。

20世纪30年代开始，民族危机加重，在“提借国货、共纾国难”“战胜强敌，要用国货”口号声中，国货运动更是如火如荼、高潮迭起。上海是国货运动

的中心，诞生了中华国产工商联合会、中华国货产销协会、中华国货工厂联合会、上海机制国货工厂联合会等众多的国货企业与国货团体、协会等，《国货月报》《国货月刊》等报纸杂志也应运而生。

1933 年 2 月，中国国货公司于上海开设。当年被定为第一个国货年，1934 年被定为“妇女国货年”，1935 年被定为“学生国货年”。从“抵货”运动到国货运动，从南洋劝业会到西湖博览会，从“中华国货维持会”到“中华国产工商联合会”，国货与“爱国”“救亡”等紧密相连，历时 40 余年的国货运动对近代中国社会经济产生了较大影响。

民族企业是国货运动的主体，同时也是国货运动的主要受益者。国货运动对上海产品的设计开发、生产与销售都起到了重要的推动作用。五卅运动时期，荣氏家族的面粉产业得到了扩充发展，刘鸿生集团的火柴厂、水泥厂、织呢厂也是在国货运动中巩固并发展起来的。

在国货运动爱国浪潮推动下，天厨味精厂“敬请国人，爱用国货，国货精品”的广告词风行一时，其“佛手”味精逐渐为国人所熟知，并在 1926 年美国费城世界博览会和 1930 年比利时世界博览会上斩获大奖。

1929 年西湖博览会期间，上海家庭工业社出售无敌牌产品，“问购者纷至沓来，每一货到，不出三日辄已售罄，大有供不应求之势”。文人出身的创始人陈蝶仙于 1930 年创办并主编了《机联会刊》，大力宣

图 1　近代国货广告的主题：爱国

图 2　上海家庭工作社“无敌牙粉”广告

图 3　摩登——月份牌中的“双妹”传奇

图 4　华丰染织厂“美亭”蓝布广告

传提倡国货。

与此同时，上海所处的江海通津、华洋杂处的贸易环境，促进了百货业、医药业、食品业、服装制衣行业等一批品牌的诞生。20 世纪三四十年代，“信谊”“钟牌 414”“百雀羚”“明星牌花露水”等上海产品畅销国内，甚至远销至东南亚等地，“佛手”味精、“华生”电扇、“泰康”饼干、“鸿翔”时装等更是荣膺世博会奖章。

同时，20 世纪 30 年代，社会舆论和国货厂商试图重塑“摩登”的含义，上海的摩登妇女被视为国货运动的主要承担者以及国货的主要消费者。她们是大企业展示产品的月份牌广告上的“常客”。创办于 1898 年的广生行推出了“双妹”系列宣传画，画中少女形象面容不尽相同，服饰妆扮也随着时代变迁，却深入人心，成为众多国民心目中的“双妹”。

华丰染织厂的“美亭”蓝布等广告强调“国人自制”，家庭妇女、摩登女郎与女学生形象也令人印象深刻。

上海向来有“大上海”之称，海纳百川故能成其大，开放塑造了上海品牌“兼容并包之大气，中西合璧之精巧”。创办于香港的广生行最早也是最重要的分公司便是 1903 年设立的上海发行所（上海家化的前身）。1930 年，广生行在上海设立制造厂，从此“双妹”身上的上海味道更浓重了，最终成为地道的上海品牌，“双妹”见证了大上海的博大胸怀。

二、上海国货老品牌企业股票分类及其设计特色

上海国货老品牌企业很多都采用了股份制的组织形式，发行过股票等股权凭证。虽然这些老字号有些已经消失，有些历经变迁存续下来，但留下的股权凭证仍让人可以“触摸”到这些老字号曾经的

辉煌。

目前，这些留存下来的上海国货老品牌股票存量为70余家、100多种，多则数十张，少的仅数张，有些则难觅足迹，成为后人苦苦寻觅的目标。这些老股票可按股份凭证形式、行业与用途等进行分类。

首先，按股份凭证形式可分为股票、股款收据与股份合同等。股份有限公司是上海老品牌筹集资金的重要组织形式，这些公司通常都发行股票，如“冠生园”（见图5）等。该股票发行于1944年4月13日，上有冠生园经理冼冠生的名字及印章，票头上“生”字商标图案引人注目。股票采用凹凸工艺印刷，呈现出较强的立体感，同时也增强了股票的防伪功能。票面贴有印花税票。

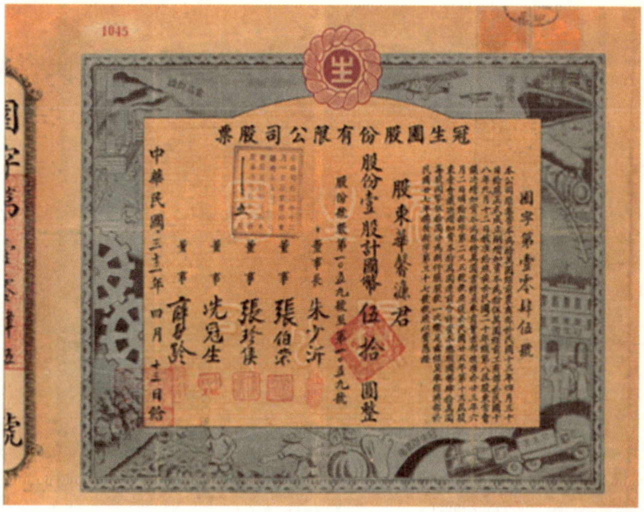

图5　冠生园股份有限公司1944年发行的股票

老字号股票中也有少数股份两合公司（有些后来改制为股份有限公司）发行的股权凭证，如上海家庭工业社与华丰染织厂股份两合公司等。前者创立于1918年7月，由陈蝶仙出资2000元、李新甫出资500元，组成股份两合公司，1941年8月改组为股份有限公司，公司产品“无敌牌”牙粉、“无敌牌”蝶霜、“无敌牌”花露水等曾名闻海内外。

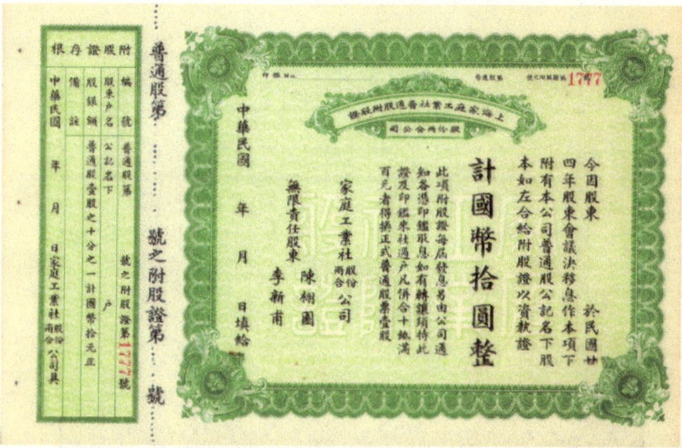

图6　两合公司时期的上海家庭工业社股票（空白票）

如图6所示的股权凭证是1935年发行的上海家庭工业社普通股附股证（连存根），该时期上海家庭工业社的组织形式为股份两合公司，票面文字显示，公司当年利润分配“移息作本”，即以股代息，发给“附股证”，每张10元，10张可换正式股票壹股（面值100元），此张可视为“零股”。两合公司凭证上通常注明无限责任股东，票面显示，该社的无限责任股

图7　上海家庭工业社1947年发行的股银收据

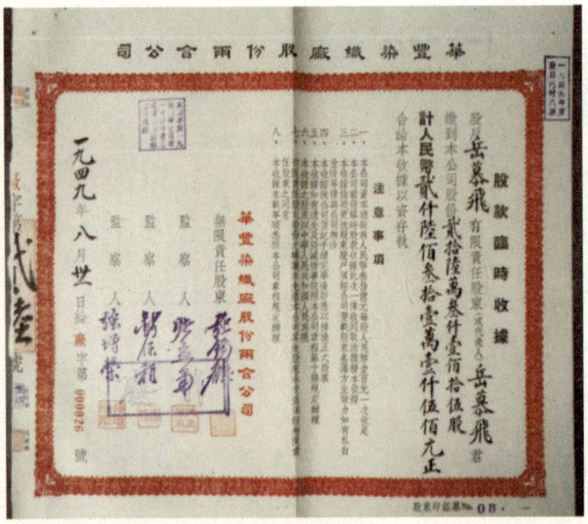

图 8　华丰染织厂股份两合公司 1949 年发行的股款临时收据

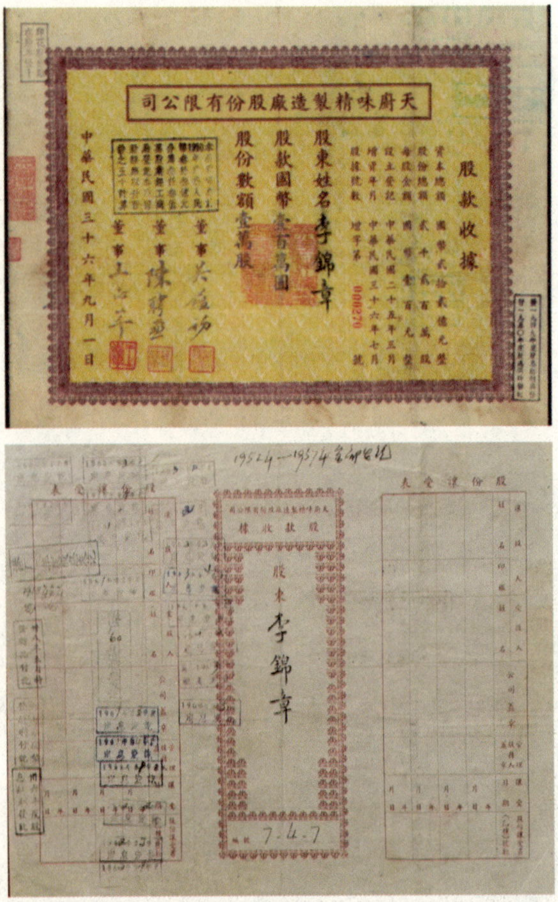

图 9　天厨味精制造厂股份有限公司 1947 年发行的股款收据正反面

东为陈栩园、李新甫两人。股权凭证的四角分别绘有不同形态的蝴蝶（沪语谐音“无敌”），与该公司“无敌牌”商标相呼应。

1933 年 4 月，强锡麟创办布厂，他以自己多年积累的 2 万元做本，吸收新股东张孟肃、钱保稚等 10 多人入股，组成华丰染织厂股份两合公司，股本总额为 5 万元。几次增资后，至 1949 年“华丰”厂仍为两合公司形式。

股款收据一般为企业首发或增资扩股，股票尚未核准发行时，企业先收取股款并给予收据，待获准登记后公司再换发正式股票。有些后来并没有换发，其背页有转让等信息，成了事实上的正式股票，前述上海家庭工业社的股银收据即是如此。一些股款收据设计得与正式股票无异，并贴有印花税票。

如图 9 所示的天厨味精制造厂股份有限公司股票“董事”栏里的吴蕴初为董事长，他是中国近代化学工业的奠基人之一。这张股款收据的基本要素齐备，与正式股票无异，背面留下了近 30 枚领取股息、红利的发讫章，时间从 1947 年一直延续到 1964 年。

还有些只是临时性的收据，如明星香水肥皂厂股份有限公司 1947 年发行的增资股款收据（见图 10）。

另外，荣氏企业、勤丰纺织等股份无限公司，其股份一般以合同形式出现。

其次，按行业与用途可分为以下四类。

一是“衣食住行”及日常用品类。

衣：荣家“申新”与郭家“永安”纺织等、“美亚”丝绸、景福衫袜织造厂（飞马牌内衣）、五和织

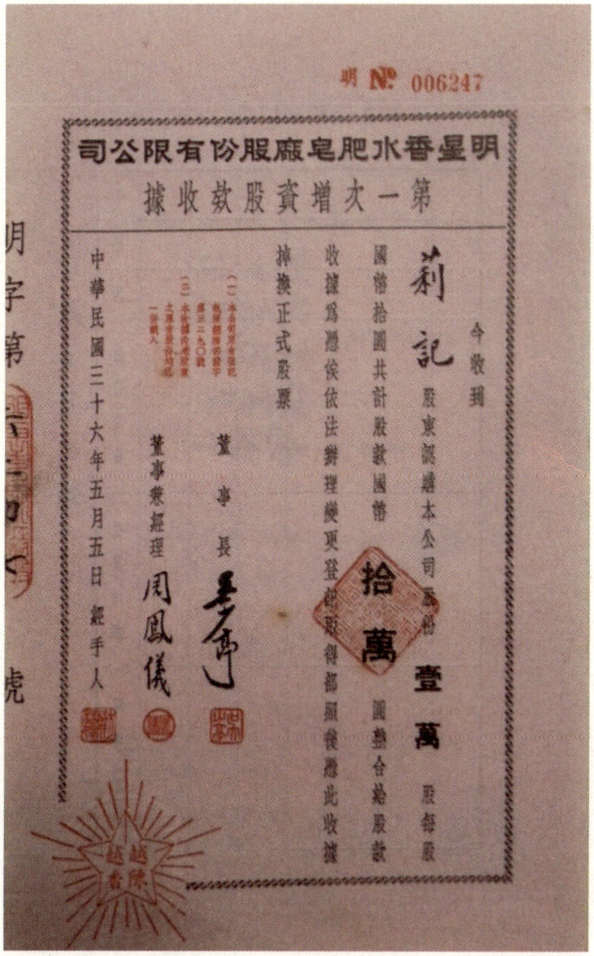

图 10 明星香水肥皂厂股份有限公司 1947 年发行的增资股款收据

造厂（鹅牌汗衫）、协大祥绸布庄等、“恒源祥”“美光”服装、“新光”内衣等。

食：“天厨”味精、“梅林”罐头、“康元”制罐、“泰康”罐头、马宝山糖果饼干（“马头牌”）、“冠生园”食品、“杏花楼”（升记）月饼及新雅粤菜馆、万寿山酒楼、甬江状元楼、南华燕云楼（京帮菜）、“老正兴”（本帮菜）等。

住：扬子饭店（1934 年开业，是首家由华商设计、投资建造的饭店，曾获“远东第三大饭店”美誉）、东方饭店（1930 年营业，现为上海市工人文化宫）等。

行：祥生汽车、大中华橡胶（双钱牌轮胎）等。

用：明星香水肥皂厂（明星牌花露水等）、固本肥皂、裕华化学工业公司（“裕华”香皂）、中国萃众制造公司（“414”毛巾）、三友实业社（“三角牌”毛巾）、立兴热水瓶厂（“长城牌”）及“金钱牌”热水瓶、“金钟牌”玉兰霜、“龙虎牌”万金油、“精益”眼镜等。

二是文化教育类。

书局与报馆、出版业：商务印书馆、中华书局、大东书局、申报馆及“良友”画报等。

电影与影院：明星影片公司与兰心大戏院等。

三是工业制造类。

医药行业的“新亚”“信谊”、屈臣氏与“童涵春”中药堂、五洲大药房、中法药房（“飞虎牌”人丹）等。

制笔业的“长城”铅笔、“三星”铅笔、“博士”金笔及关勒铭墨水笔有限公司（“关勒铭”是中国第一支国产金笔的品牌商标）等。

其他工业制造，如振华油漆（“飞虎牌”）、中国钟表制造厂（“三五牌”台钟）、大中华火柴、南洋烟草等。

四是商业等服务业。如南京路四大百货公司（先施、永安、新新、大新）等。

这些老品牌股票蕴含的企业产权、治理与分配等历史信息十分丰富，在这些股票上，我们可以看到企业创办人的签名，他们或是董事（长），或为经理。这些企业家不仅在品牌经营与企业管理上经验丰富，而且他们的爱国情怀也令人钦佩，如国货大王方液仙等。

老字号股票的设计也很有特色，几乎每张股票上都有品牌标识，与公司主营产品密切相关。摩登、爱国、救亡等“国潮”特色十分明显，不少公司股票上都有“警世钟”等标示，如中国化学工业社、上海香亚化妆品药品股份有限公司发行的股票。1926 年，上海香亚化妆品药品股份有限公司生产的“金钟牌”玉兰霜荣获美国费城世界博览会金奖，股票上“金钟牌”商标寓意深远，“金钟”二字谐音“警钟”，警示国民勿忘国耻，抵制洋货。

这些老品牌股票在底纹、钢印与存根等方面有防伪标记，其防伪技术别具一格。

三、部分上海老品牌股票赏析

1949 年 10 月 1 日，绒线大王“恒源祥”发行了恒丰毛绒厂股份有限公司股票，这是新中国成立后发行的第一只股票。如图 12 所示，其编号为 00001，持有人为“恒源祥”创始人、董事长沈莱舟，他认购了该公司股份 5040 股，计 50.4 万元，占公司总股本的 1‰。票面贴有五星红旗的印花税票。

1926 年新新股份有限公司首次发行股票，票面竖式设计，票幅大，画面精美，有公司建筑图案、有轨电车、行人、汽车等诸多元素。公司名称下方是新新

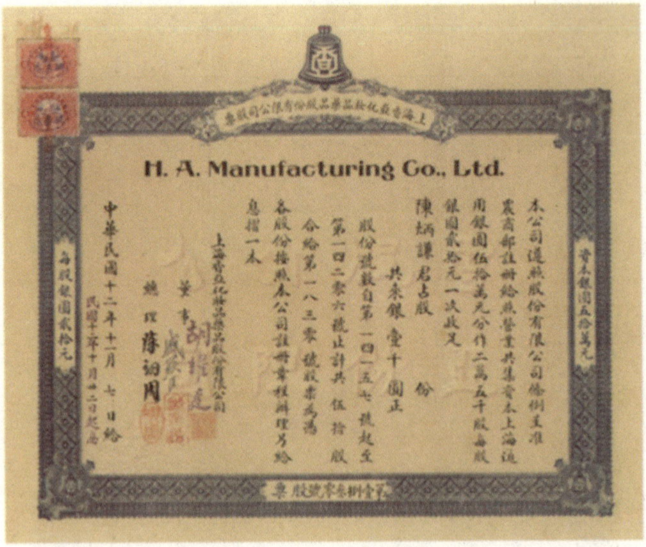

图 11　上海香亚化妆品药品股份有限公司股票

图 12　恒丰毛绒厂股份有限公司 1949 年 10 月 1 日发行的股票

股份有限公司的标记，由大小两个 S 组成。

东方年红电光公司是近代首家国人创办的霓虹灯（也称“年红灯”）生产商，该公司前身为 1927 年成立的远东化学工业社，1930 年改组为股份公司，1936 年发行股票。创办人张惠康和他的东方年红电光公司推动了夜上海的“摩登”时代。

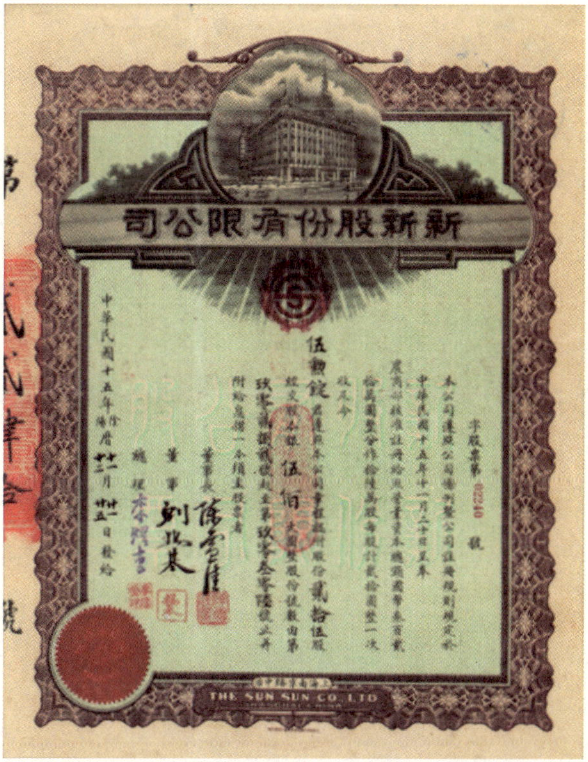

图 13　新新股份有限公司 1926 年首发的股票

图 14　东方年红电光股份有限公司 1936 年发行的股票

上海光明制造电器股份有限公司是我国第一家生产保温瓶的大型企业，由粤籍商人梁伯枝于 1924 年创办。1926 年 9 月，其前身上海光明电器热水瓶厂开始生产“热心牌”保温瓶。1928 年，国民政府商标注册机构核准了公司冷热水壶商标的申请。上海光明制造电器股份有限公司 1933 年发行的股票显示，公司当时的资本额为 11.2 万元，其“红心牌”热水壶商标 (Red Heart Brand) 出现在正上方股票名称的中间，左右两侧一对凤凰回首对视，寓意深刻。尽管该公司几经变迁后消失，但“红心”品牌仍被发扬光大。20 世纪 50 年代中期至 90 年代，上海“红心”电熨斗曾经红遍大江南北。

万寿山酒楼位于上海福州路西藏路口东北角，创办于 1941 年，现名为丁香饭店，它曾经是人们津津乐道的饭店，“万寿山”名称寓有长寿的意思，每逢有人庆生做寿，为讨吉利，大家都乐于前来开设寿宴，常常喜宴满堂，生意兴隆。万寿山酒楼还是文人们经常聚会的场所。1947 年发行的股票（见图 16）由永祥印书馆承印。

上海国货老股票的爱国、救亡、摩登等“国潮”特色十分明显，它们在一定程度上见证了中国近代化的艰难历程与企业家实业报国的奋斗足迹，人们从中可以一窥这些企业家们的风采与爱国情怀。这些独特的“国潮”记忆具有较高的研究价值，可对已有的企业史与企业制度史研究进行拓展与补充。■

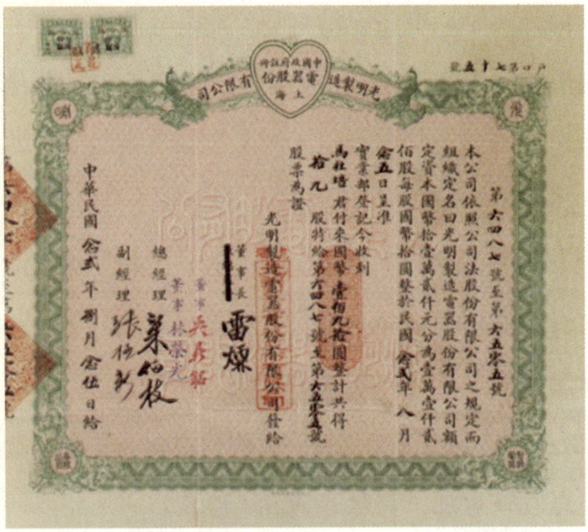

图 15　上海光明制造电器股份有限公司 1933 年发行的股票

图 16　万寿山酒楼股份有限公司 1947 年发行的股票

作者简介

吴福明，经济史博士，曾就职于海通证券。自 2009 年开始研究中国土地金融史与产业证券史，并收藏相关史料。主要学术代表成果有：国家社会科学基金重大项目“中国近代企业制度的生成与演变”子课题《产业证券卷》（26 万字）、《房地产证券化探索》（上海人民出版社，1998）等。

参考文献

① 陈伟国．稀珍上海老股票鉴藏录［M］．上海：上海远东出版社，2007.
② 吴福明．强锡麟：玩转商标的纺织达人［J］．金融博览·财富，2020（9）．
③ 石章强．上海老品牌复兴之路［M］．杭州：浙江人民出版社，2013.
④ 仝群旺，王金连．自利与爱国：国货运动中民族企业家行为与心态分析［J］．历史教学，2010（22）．
⑤ 董文中．中国战时经济特辑（续编）［M］．上海：中外出版社，1940.
⑥ 南京图书馆．中国近现代人物像传［M］．上海：上海古籍出版社，2011.

藏品撷英

一张股票与一家侨企的发展轨迹

张卫东

上海南京东路素有“中华商业第一街”的美誉，鳞次栉比的高楼、各具特色的店招、璀璨绚丽的霓虹，彰显出浓厚的商业氛围。近代上海赫赫有名的四大百货公司先施、永安、新新、大新，在这里比邻而居，竞争发展。

上海永安公司是中国近代最大的百货公司之一，自建成开业100多年来，一直塑造着南京路的商业氛围并影响着市民的都市文化生活。永安大楼是上海解放后南京路升起第一面红旗的地方，永安公司也是上海首家实行公私合营的百货企业。

永安公司前身是由旅居澳大利亚的华侨郭乐等人在悉尼创办的永安果栏（店）。1907年，郭乐在香港设永安公司，经过十余年的经营，香港永安公司为郭氏家族积攒了大量的财富。其后，郭乐以独到的眼光发现了上海城市发展中蕴藏的巨大商业价值，于是在南京路上租用地皮修建了一幢6层楼高的巴洛克风格为主、新古典主义装饰为辅的英式建筑，这便是后来上海滩著名的永安百货大楼。永安百货大楼一至四层为百货商场，其他楼层设有酒楼、旅馆、弹子房、跳舞厅、游乐场和戏院。

1918年9月5日，上海永安公司开业，确立以经营环球百货为主的经营方针，并附设旅馆、酒楼、茶室、游乐场及银业部。后来，公司陆续在英国、美国、日本等国家采办百货，组织土特产出口，至20世纪30年代，永安公司跃居上海四大百货公司之首。永安公司在管理上重视进货和资本积累，讲究经营和服务，以“顾客永远是对的”为信条，成为一家享誉国内外的“环球”百货公司。

图1　上海永安股份有限公司股票

在永安公司成立之初，卖的几乎都是舶来品。但随着民族觉醒，越来越多的国人意识到抵制洋货、支持国货是振兴民族经济的重要手段。永安公司顺应形势，不断提高国货进货率。五卅运动抵制洋货，永安公司便开辟国货货源，并参加罢市。郭氏家族曾计划在永安百货大楼辟出一个楼面创办国货商场，并在报上刊登了《征求国货启事》："尽量扩充国货范围，力求提高国货地位，务使包罗万象，荟萃精华，为我国最完备之国货市场。"国货商场计划于1937年9月1日正式开幕，后因世事突变而未成。"八・一三"事变爆发，永安百货大楼在日军的炮火中受损严重，全部门窗玻璃被震碎，从底层到四层的设备、商品损毁严重，人员伤亡惨重。公司一边积极自救，一边捐献钱物，支持抗战。上海解放时，富商大亨纷纷外逃，当时的经营者郭琳爽拒绝了父亲的包机，坚持留沪。

1949年5月24日夜，中国人民解放军经过十余天激烈的外围战斗后，攻入上海市区。5月25日凌晨，为了欢迎解放军的到来和庆祝上海解放，永安公司的地下党员找到缝纫间的金永铭师傅，赶制了一面象征上海解放的鲜艳红旗，并推选乐俊炎、唐仁等4名热血青年负责挂旗。他们找来一根竹竿，举着刚做好的红旗兴奋地登上永安百货大楼最高处——绮云阁，一鼓作气将红旗插到顶端。正当大家鼓掌欢呼的时候，残留的敌军射断了旗杆，青年党员乐俊炎趁着枪声刚停，用皮带将自己和旗杆绑在一起，腾出两手，使劲将绳子系在旗杆顶端。就这样，在永安百货大楼的最高处，插上了南京路上第一面迎接上海解放的鲜艳红旗，为历经沧桑的大楼染上了一抹亮丽的红色。现在，人们在永安百货大楼的屋顶上，依然可以看到一座足有三层的尖顶欧式塔楼——绮云阁。这不仅是南京路的一道亮丽风景，还是上海红色记忆的一部分。

新中国成立后，永安公司在1956年成为上海百货业第一家实行公私合营的商家，中国证券博物馆馆藏的上海永安股份有限公司股票记录了这家侨企的发展变迁。这张股票整体呈横版，内容自右向左横书，股票上方正中央分别有公司名称和永安公司新、老大楼建筑图样。较为特别的是，该股票有较多涂改重印或重写痕迹。综合票面内容信息，该股票应为1941年印制，原始信息显示该股票编号为第023944号，公司名称为上海永安股份有限公司，资本总额为国币250亿元，股份总额为25亿股，每股金额为国币10元一次收足，董事有樊克令、郭泉、郭顺和郭礼安。樊克令为在沪美国律师，是当时上海美侨领袖、工部局董事，上海永安公司原在香港注册，抗战爆发后被英国当局取消注册，为避免公司被日本侵吞，改向美国驻沪领事馆注册为美商企业，并邀请樊克令担任第二任挂名总裁。股票上的其余原始董事成员为公司创始人郭乐及郭氏家族成员。从票面涂改信息看，股票发行时间更改为“公元一九五八”，该股票实际发行时间为1958年3月31日。1956年永安公司已实行公私合营，因此该股票是一张名副其实的“公私合营股票”。此时公司资本总额更改为“新币750万元”，股份总额更改为“750万股”，每股金额更改为“新币1元一次收足”，票面的相关信息旁也都以加盖戳印的形式进行了更改，在股票右上角加盖的一个戳印也载明“1956年公私合营永安公司，资本总额750万元，股份总额750万股”。该股票股东为中国百货公司上海市公司，特别注明为公股，共持有3000股，股金合计新币3000元整。中国百货公司是1950年4月成立的，是领导全国百货商业的管理机构，各地分别成立了分公司。从票面涂改信息可知，董事会成员发生了更替，原董事樊克令在太平洋战争爆发后被日军囚禁，战后当选为上海美国商会会长，1950年抗美援朝战争爆发后返美，此时樊克令已退出董事会，取而代之的是郭家留在上海的第二代“掌门人”郭琳爽，原董事郭礼安也由新人郭棣活代替，在1953年全国政协一届四次会议期间，毛主席约见了郭棣活和荣毅仁。股票左上角的一行文字声明，印花税票已经贴在总簿内。

1966年，永安公司更名为国营东方红百货商店，1969年改名为上海第十百货商店。1988年，在改革开放中，通过引进先进技术和设备，商场进行了全面改建和装修，同时更名为上海华联商厦。经历多次改名，2005年4月，商厦重新启用“永安百货”旧称。虽然时过境迁，现今的永安百货已和最初成立时有了很大的变化，但是，今日的永安百货仍然坚持着“顾客永远是对的”这一信条，继续迎接来自四面八方的客人。这一百年来传诵不衰的品牌，在当时开创了中国近代百货业的先河，同样在中国工商业史上添上了浓墨重彩的一笔。■

■ 作者简介

张卫东，上海证券交易所博物馆保障部总监、上海中证博物馆运营有限公司总经理，复旦大学经济学博士，高级经济师。

■ 参考资料

① 西蒙周．上海滩的永安百货［J］．商界评论，2011（3）：44-47.

② 杨正莲．上海永安公司的公私合营史［J］．中国新闻周刊，2009（34）：4.

③ 邢建榕．郭琳爽坚留上海迎接解放［J］．上海档案，1997（5）：57-58.

④ 龚辉．经典百货 文化营销——永安百货有限公司营销创新案例［J］．上海百货，2009（12）：2.

⑤ 何平．上海四大百货公司档案史料简介［A］．上海市档案馆．上海档案史料研究（第 9 辑）［M］．上海：上海三联书店，2010.

⑥ 永安百货大楼的故事［EB/OL］．［2019-06-20］．https://mp.weixin.qq.com/s/qDPegqLzZJgAo6aruAnoOQ.

⑦ 在这里，升起了南京路上的第一面红旗［EB/OL］．［2022-07-09］．https://mp.weixin.qq.com/s/AwT1CVgom7lmlEQP46Iy_Q.

“携手——中国资本市场扶贫成果展”荣获 2021 年度上海市博物馆陈列展览“精品云展”

2022 年初，在上海市文化和旅游局（上海市文物局）的指导下，上海市博物馆协会启动了 2021 年度上海市博物馆陈列展览精品推介活动，并首次增设了“精品云展”推介评选，以线上投票方式邀请社会各界积极参与。

中国证券博物馆申报的“携手——中国资本市

图 1 “精品云展”获奖证书和牌匾

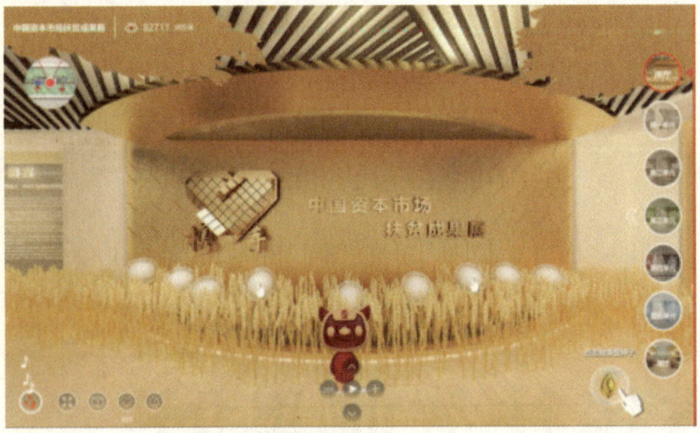

图 2　展览主题墙

图 3　“翻一翻·时光壁纸”互动体验

场扶贫成果展”在此次评选中得到了社会公众的广泛认可，荣获 2021 年度上海市博物馆陈列展览“精品云展”。

“携手——中国资本市场扶贫成果展”由中国证监会扶贫办（现帮扶办）主办，中国证券博物馆承办，上海证券期货文化发展基金会资助。该展览从政策扶贫、辖区扶贫、定点扶贫、行业扶贫和扶贫干部 5 个方面，征集并展示近 50 家中国证监会派出机构、会管单位、系统单位选送的近 600 张图片、40 余部扶贫影片及 30 余个扶贫县航拍素材等，以 3D 建模和 720 全景技术等新技术，搭建三层约 1830 平方米的网上展厅。展览结合扶贫项目航拍鸟瞰、线上扶贫展销集市、扶贫时光记忆壁纸等多种互动形式，为观众提供趣味性的线上观展体验，生动地讲述了资本市场参与脱贫攻坚、助力乡村振兴的故事。

该展览于 2021 年 1 月在中国证券博物馆官网、微信公众号等平台上线，中国证监会网站、中国证券业协会网站等平台也设置有展览入口。上线以来，已有 8.5 万余人次前来观展。未来，中国证券博物馆将继续更新和丰富扶贫成果展内容，展现资本市场夯实脱贫攻坚成果，续写资本市场推进乡村振兴新篇章。

热忱欢迎大家登录 fupin.csm.sse.com.cn 在线观展。■

（供稿：张陶）

中国证券博物馆获区级爱国主义教育基地授牌

中国证券博物馆自2018年成立以来，充分挖掘馆藏资源的红色基因、思想内涵和时代价值，结合自身的特色资源开展爱国主义教育，在藏品利用、展示陈列、主题教育活动、宣传平台建设、公共文化服务、内管制度建设方面扎实耕耘，积极向社会公众开展爱国主义教育，宣传红色证券史，展现资本市场改革开放成果，增强社会观众文化自信。

2022年8月，中国证券博物馆获虹口区人民政府颁发的“虹口区爱国主义教育基地”铭牌。未来，中国证券博物馆将继续发挥好爱国主义教育基地的作用，持续加强创新运行与规范管理，丰富爱国主义教育产品和活动形式，做好爱国主义教育常态化阵地化建设，不断提升公众对博物馆开放服务工作的满意度，建设有质量、有特色、有影响力的爱国主义教育基地，谱写爱国主义教育工作的新篇章。■

（供稿：何烨、刘晓婷）

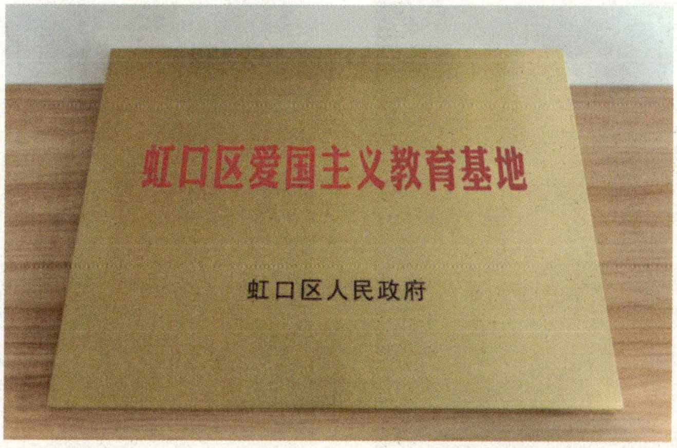

图1　虹口区爱国主义教育基地铭牌

中国证券博物馆举办“上海证券报 30 年，30 个瞬间”主题展

为进一步拓宽证券文化交流渠道，追溯资本市场宣传阵地奋斗历程，感悟资本市场艰难探索的不懈努力，2022 年 1 月 14 日至 6 月，中国证券博物馆联合上海证券报社在博物馆一楼大厅举办“上海证券报 30 年，30 个瞬间”主题展，这是中国证券博物馆 2022 年第一展。

展览围绕 1991—2021 年《上海证券报》的风雨征程，遴选创刊之始、迁址浦东、见证并记录《证券法》通过、“国九条”发布、股权分置改革、创业板启动、设立科创板并试点注册制和建党百年等 30 组标志性历史事件，致敬中国资本市场走过的不平凡之路。

1990 年，上海证券交易所在黄浦路 15 号浦江

图 1　展览现场照片

图2 展览图文版面

饭店（现中国证券博物馆）开业。1991年7月1日，《上海证券报》前身《上海证券交易所专刊》由上海证券交易所创刊，1995年由新华社主管主办。在《上海证券报》诞生初创之地举办“上海证券报30年，30个瞬间”展览，坚定了中国证券博物馆与《上海证券报》不忘初心、砥砺同行、共创未来的美好信念。

未来，中国证券博物馆将进一步加强同《上海证券报》的交流合作，借助《上海证券报》丰富的证券史图文音像资料，挖掘资本市场亲历者口述历史资料，夯实资本市场历史研究基础，拓展合作办展内容。同时，充分发挥双方报刊、网站、移动客户端、微信微博等传播渠道优势，协力打造全媒体新矩阵，普及推广投资者权益保护知识，开展投资者教育基地合作，共同做好资本市场文化宣传服务。

三十而立正青春，风华正茂启新程，中国资本市场已走过了三十余载的风风雨雨。中国证券博物馆和《上海证券报》将继续秉承初心，为中国资本市场高质量发展谱写更壮丽的篇章，为打造一个规范、透明、开放、有活力、有韧性的资本市场添砖加瓦。■

（供稿：张陶、《上海证券报》）

中国证券博物馆举办“国潮——资本市场助力上海品牌”展

时光流转，匠心不变。老品牌历经岁月沧桑，见证社会变迁。

为彰显资本市场服务实体经济的初心，讲好资本市场助力老品牌发展故事，中国证券博物馆策划了“国潮——资本市场助力上海品牌”展。

展览于2022年7月在博物馆316临展厅开幕，以老品牌的新生为序章，通过衣、食、住、行、用5条线索串联上海老品牌相关上市企业发展概况，结合各式包装物、新旧产品、企业上市股票等展品，追溯上海老品牌的前世今生，聚焦改革开放后资本市场助力老品牌的发展。

近代上海孕育了众多耳熟能详的老品牌，它们涵盖了人们日常生活衣、食、住、行、用的方方面面，既承载着城市记忆，也引领着消费潮流，是上海城市文化的重要组成部分。

新中国成立后，老品牌迎来了新生。改革开放以来，上海老品牌在传承传统工艺、传统技法和传统精神的基础上，与时俱进、变革创新，一些优秀老品牌企业借力资本市场，插上了腾飞的翅膀，焕发出新的蓬勃生机，掀起了国货当红的潮流。

图1 展览主题背景墙

图 2 展厅实景

展览以“老品牌的新生”开篇，讲述了上海老品牌在中国共产党带领下逐渐走出困境，在民族工商业扶助政策下得到新生。观众可以在展览中看到 1949 年 10 月 1 日新中国成立当天发行的恒丰毛绒厂股份有限公司股票，以及制造、运输、电影等行业的公私合营股票。

“食”之版块展示了上海梅林、光明乳业、金枫酒业、豫园股份 4 家上市公司旗下食品老品牌的历史发展过程。上海人耳熟能详的梅林罐头、大白兔、光明牌棒冰等老品牌的老包装，无不勾起人们的味蕾记忆。光明乳业上市纪念品、金枫酒业的新时代产品，见证了老品牌上市企业探索现代化发展道路的过程。

“行”之版块展示了凤凰和永久两个耳熟能详的自行车老品牌发展历程。一系列自行车车标的演变以及新老款永久自行车实物对比，向世人倾诉着 20 世纪六七十年代“二八大杠”载人前行的浪漫。随着时代的发展，人们的出行方式日益多样，出租车成为重要的交通工具，催生出具有代表性的出租汽车上市公司，20 世纪 90 年代，大众、强生公司发行了股票。

“住”之版块的老品牌上市公司以上海国旅为代表，珍贵的历史照片和不断增长的接待量展现出上海

图 3 上海部分品牌食品包装展示

图 4 光明乳业上市纪念品

图 5　不同年代的永久自行车

图 6　上海凤凰自行车标

旅居老品牌的魅力。上海四大传奇酒店的模型也汇聚一堂，和平饭店、锦江饭店、国际饭店、外滩华尔道夫酒店以其历史悠久的建筑，共同见证着上海的沧桑岁月。

“用”之版块展示了上海家化、老凤祥、新世界、百联股份 4 家上市公司旗下老品牌，描绘出老上海人的生活百态。美加净护肤品、中华牌铅笔家喻户晓，新世界、第一百货、上海时装商店等百货商场仍在南京东路商业街上焕发光彩。在这里，观众可以观赏到上海家化的上市纪念品老海报、自 1962 年诞生至今还在生产的美加净发乳以及中华彩色绘图铅笔。

“衣”之版块展示了开开实业、龙头股份和益民集团 3 家上市公司旗下的老服饰品牌，它们沿袭了海派服饰精致、时髦与国际化的特点，并更加注重企业经营模式的创新。展览呈现了新老西服、纺织面料手绘稿、开开实业上市纪念品，以及上海纺织博物馆“时光如梭”文创产品。

上海老品牌经历了岁月的洗礼雕琢，在延续和传

图 7　上海四大传奇酒店模型

图 8　和平饭店模型

图 9　美加净发乳与中华彩色绘图铅笔

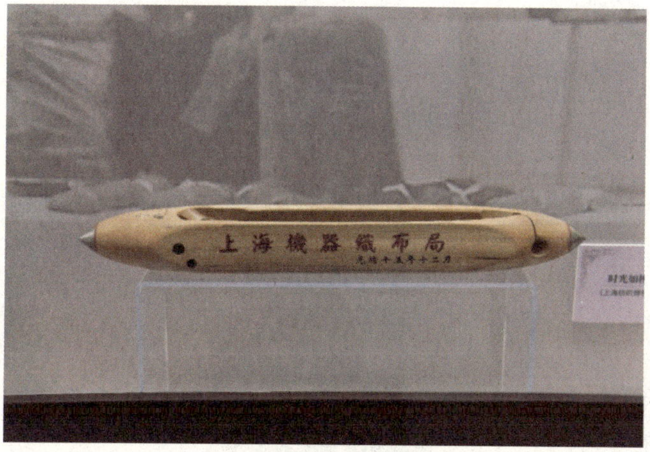

图 10　“时光如梭”文创（上海纺织博物馆提供）

图 11　老式西服

承中历久弥新，不断创造出新的经济价值，焕发出强有力的文化魅力。作为中国品牌的重要组成部分，上海老品牌的发展不仅是中国制造的复苏，更是中国品牌的绽放。在新时代中国资本市场的助力下，老品牌应时而变、与时俱进，继续引领国潮自信。

为加深观众对展览内容的理解，中国证券博物馆还举办了配套的学术讲座和社教活动。■

（供稿：张陶、李琪、张勇）

中国证券博物馆策划举办“一起书写博物馆的力量”专题展

2022 年 5 月 18 日是第 46 个国际博物馆日，今年的主题是“博物馆的力量”（The Power of Museums），中国证券博物馆策划举办了“一起书写博物馆的力量”专题展。展览定向邀请国内 37 家博物馆、纪念馆、美术馆和文化机构参与，征集参与单位的文创口罩、展馆图片简介以及各单位推荐的代表力量的词汇，邀请观众在文创口罩上书写力量词汇并进行展示。

本次展览具有动态化和互动性的特点，由观众和参展单位共同完成。展览前期，上海博物馆、中国人民革命军事博物馆、江西省博物馆、中国共产党第一次全国代表大会纪念馆、中国大运河博物馆等 37 家文博机构积极响应，分别选送了各自的特色文创口罩和

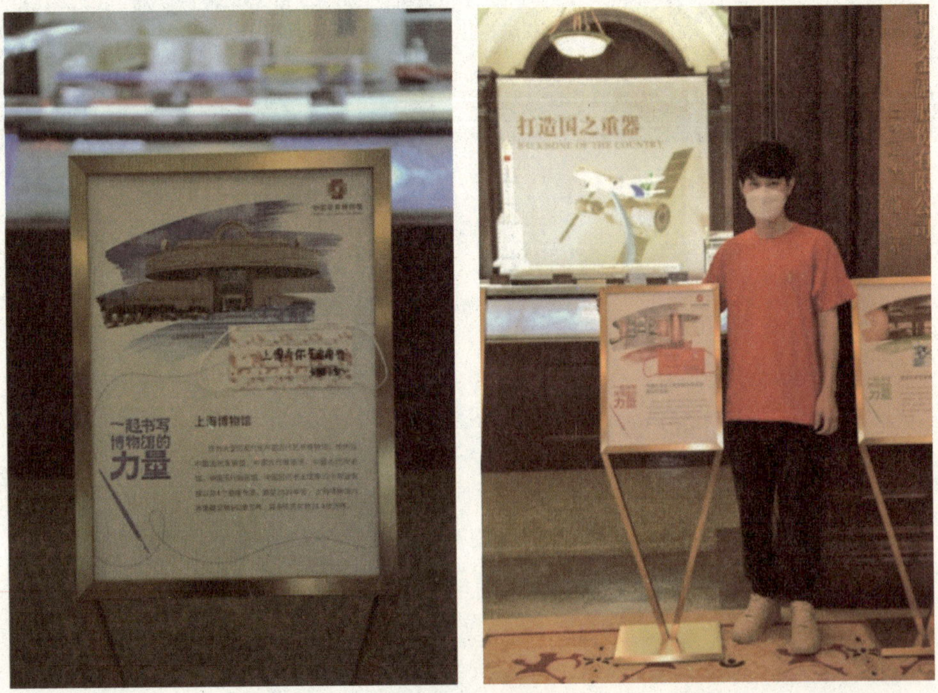

图 1　展厅图文展板

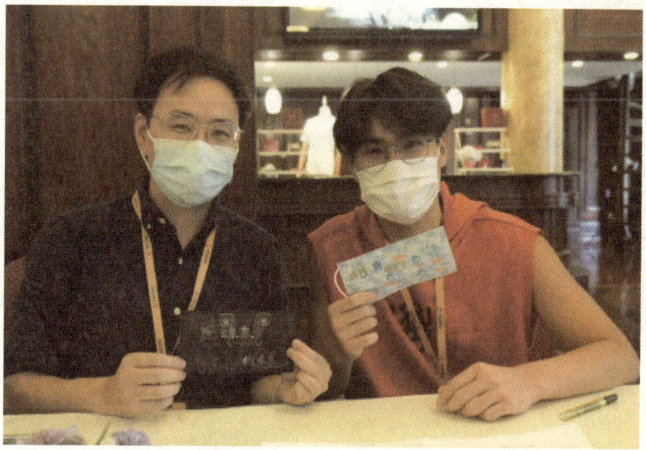

图 2　观众参与书写“博物馆的力量”

力量词汇前来参展。展览期间，观众参与热情高涨，纷纷融入“策展人”的角色，挑选各博物馆选送的文创口罩和力量词汇，并完成“策展人”手记。展览内容分 3 个月分批推出展示，展现博物馆群体在防控疫情过程中作为社区建设参与者的力量，展现了文博工作者以文化力量鼓舞大家携手抗疫、坚定战胜困难的信心。■

（供稿：陈弘）

中国证券博物馆推出《中国证券故事之晚清萌芽》《红色金融　百年历程》系列视频

近年来，短视频作为富有创意、传播速度快、互动性强、覆盖面广的网络主流信息传播媒介，已成为人们生活中不可或缺的组成部分。为生动直观呈现中国证券发展史，讲述中国资本市场发展故事，中国证券博物馆推出了《中国证券故事之晚清萌芽》《红色金融　百年历程》两个系列视频。

2021 年，中国证券博物馆联合湘财证券投资者教育基地推出《中国证券故事之红色记忆》系列视频，受到观众喜爱。2022 年，中国证券博物馆与湘财证券投资者教育基地再度携手，聚焦晚清中国证券业，推出《中国证券故事之晚清萌芽》系列短片，通过讲述

图 1　《中国证券故事之晚清萌芽》海报

晚清时期的证券故事，串联起从1872年近代中国第一只股票的发行到1911年辛亥革命爆发期间中国资本市场的发展历程。

为进一步挖掘红色证券资源，传承资本市场红色基因，在上海证券期货文化发展基金会的大力支持下，中国证券博物馆还策划推出了《红色金融　百年历程》系列视频。《红色金融　百年历程》系列视频力图通过当下新兴的传播方式，以中国证券期货行业历史物证为载体，回顾百年来中国共产党领导下的中国资本市场发展历程，以历史和证券两大专业视角讲述展品背后的故事。

目前，《中国证券故事之晚清萌芽》《红色金融百年历程》系列视频已陆续在中国证券博物馆微信订阅号“中证博发布”和官方B站平台“中国证券博物馆”同步上线，在广大投资者、专业人士、证券期货文化爱好者中起到了较好的文化宣传和知识普及作用，并营造出“出圈效应”，吸引当代青年群体的关注，更加快速有效地树立中国证券期货市场新形象，讲好中国资本市场故事，在全社会范围内更好地发挥投资者教育功能。■

（供稿：周嬛、何烨）

中国证券博物馆首个对外承接课题项目圆满结项

2021年9月初，中国证券博物馆申报了广州金融发展服务中心（以下简称广州金服）及岭南金融博物馆“近代沪粤公债之比较研究”课题项目。经广州金服评审比选和洽商评估，中国证券博物馆被确定为该课题承接单位。该课题旨在对近代上海、广东两地公债发行、交易及偿付情况的异同进行比较研究，课题项目自2021年12月启动实施。

课题研究过程中，中国证券博物馆成立了由10名成员组成的课题组，每周定期召开课题研究讨论会，交流研究进展，解决研究过程中的问题。课题组还与项目需求方广州金服定期沟通联系，多次召开项目需求交流沟通会，按照项目需求开展研究，定期汇报进展。在研究报告成稿后，课题组进行了内部汇报交流会，并邀请经济金融史专家对课题报告进行了评

图1 课题研究讨论会

图 2　2021 年 12 月 16 日，中国证券博物馆与广州金服进行项目需求交流沟通

图 3　2022 年 7 月 8 日，中国证券博物馆与广州金服进行研究成果汇报交流

审，课题组根据汇报讨论意见和专家评审意见对课题报告进行了修改完善。

2022 年 7 月 8 日，中国证券博物馆与广州金服联合召开线上课题结题报告会，课题组向广州金服汇报了课题研究情况和研究成果。本次课题研究较为全面地梳理了近代上海、广东两地的国内公债，包括国家公债、地方公债和特殊公债，对两地国内公债的特点进行了比较分析，尤其是结合挖掘红色证券文化资源的要求，对华南地区革命根据地公债做了较为全面的梳理总结，系统地揭示了沪粤两地公债的地方性差异。广州金服对此次合作给予了肯定，表示本课题研究特色鲜明、基础扎实、过程规范、成果丰富，对深入了解近代沪粤国内公债异同进行了有益探索，有助于增进对近代沪粤金融发展史的认识，希望继续与中国证券博物馆加强交流合作，围绕粤港澳大湾区建设等重大国家战略，共同助力金融行业文化建设。

“近代沪粤公债之比较研究”课题是中国证券博物馆首次尝试对外承接课题项目，拓展了博物馆业务范围。课题研究成果填补了公债史研究的空白，在培养博物馆研究力量、提升博物馆学术水平和夯实博物馆基础支撑等方面具有重要意义，有助于更好地阐释和讲述中国资本市场的故事。■

（供稿：张勇）

中国证券博物馆投教成果“羊村故事·股份制”荣获第一财经投教作品征集与展播活动银奖

2022 年 7 月，为进一步加强投资者教育，加大投资者保护宣传力度，提升社会公众金融素养，第一财经发起投教作品征集与展播活动。中国证券博物馆积极响应，申报了自主策划开发的“财商教育第一课”股票系列视频成果。8 月 26 日，经过网络票选及专家评选，博物馆申报作品“羊村故事·股份制”荣获银奖。

开馆 3 年多来，博物馆投资者教育方式和内容从吸收学习逐步转变为自主开发，依托馆内藏品及展览资源，已开发了“财商教育第一课”“力量——红色证券史”两个专题投教项目。“财商教育第一课”首期以股票为对象，通过课程、视频及游戏等形式，从多个维度解析股票的内涵。此次获奖的“羊村故事”视频，就是“财商教育第一课”专题投教课程的内容，采用动画形式，通过羊村脱贫致富的故事，深入浅出地讲述股份制、上市、个人投资、反欺诈等金融知识，让观众在富有感染力的动画中轻松学习。

作为国家级投教基地，中国证券博物馆将继续深入挖掘馆藏资源，结合自身特色，发挥自身优势，在投资者教育中融入证券期货行业文化、红色文化、海派文化，打造富有行业特色且具有社会影响力的投教品牌。■

中国证券博物馆举办“绣党旗”特色教育活动

为增进公众对国潮文化的关注和喜爱，了解中国共产党领导下资本市场助力国货老品牌的发展历史，中国证券博物馆联合上海纺织博物馆于 2022 年 9 月 24 日推出“一针一线绣党旗”亲子手工活动，作为“国潮——资本市场助力上海品牌”展配套活动之一，让青少年在活动中感受国货魅力。

上海纺织博物馆授课老师结合“四史”教育，以“上海纺织工人运动史”为题，带领大家重温上海纺织工人运动的峥嵘岁月。老师结合教学视频详细介绍了刺绣技艺的两种不同针法——轮廓绣和缎面绣，并鼓励小朋友们拿起手中的材料包动手尝试。在家长和老师的帮助下，小朋友们很快变身“小小刺绣家”，用针线细致描绘由镰刀、锤子组成的金黄色党徽，由手到心，把对党的深情绣进党旗中。

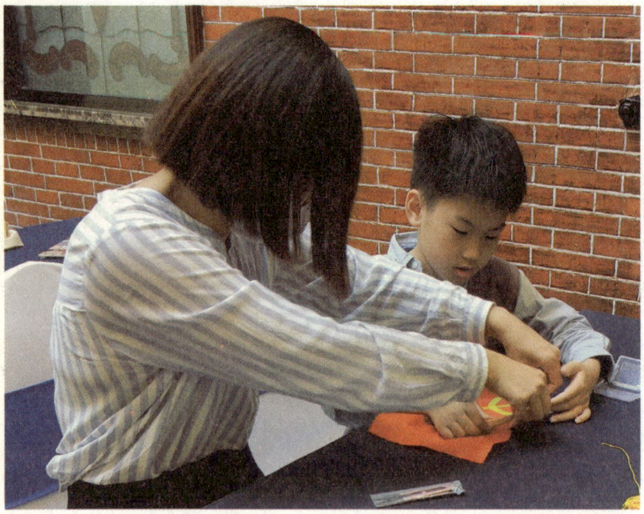

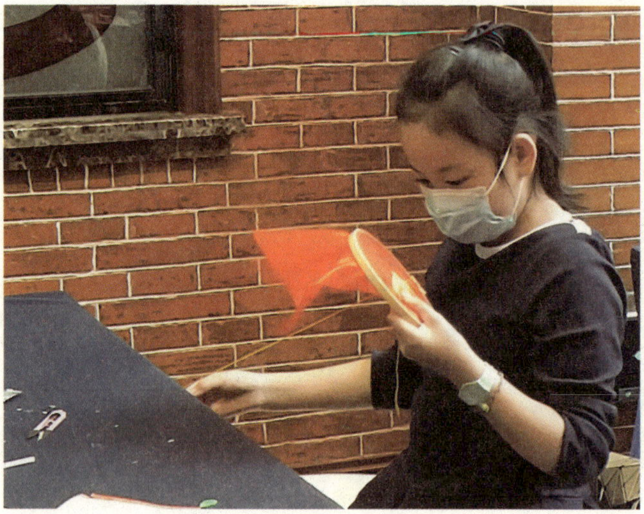

手工活动结束后，博物馆老师带领大家参观了“国潮——资本市场助力上海品牌”展。老品牌不仅承载着一代人的记忆，也见证着时代的发展与变迁，小观众们徜徉在琳琅满目的国货品牌中，感受国货在延续和传承中历久弥新的文化魅力。■

喜迎二十大，奋进新征程

——中国证券博物馆举办“非凡十年·见证发展”主题图片展

为庆祝党的二十大胜利召开，中国证券博物馆在一楼序厅举办“非凡十年·见证发展”主题图片展，通过代表性事件和数据，回顾资本市场改革发展的非凡十年，建设好中国特色现代资本市场。

党的十八大以来，以习近平同志为核心的党中央高度重视资本市场工作，中国资本市场改革发展取得了举世瞩目的成就。多层次资本市场体系日益完善，全面深化改革取得重要突破，市场主体质量和竞争力持续提高，产品体系不断丰富，高水平双向开放的广度和深度日益扩大，投资者权益保护不断加强，法治建设和监管效能持续增强。资本市场有效促进了社会资本形成和实体经济发展，有力畅通了科技、资本与实体经济的良性循环，有力促进了金融业改革开放和现代金融体系建设，有效拓宽了居民投资渠道和财产性收入来源。■

中国证券博物馆专题类藏品征集公告

中国证券博物馆作为我国证券期货行业唯一一家国字头博物馆，为更好地宣传我国证券市场发展历程与讲好红色资本市场故事，扩大藏品来源，丰富藏品数量，提高办馆办展与研究宣传水平，现向全社会广泛征集以下七大专题类藏品：上海国际金融中心建设成就类、科创板建设成果与注册制改革成果类、证券期货行业公益活动类、中国工人运动史类、近代沪粤国内公债类、新民主主义革命时期的金融机构和货币类与周恩来同志在上海参加革命工作的历史资料。此外，我馆长期征集反映中国资本市场发展历程及与本馆所在建筑“浦江饭店”历史相关的资料实物。特此公告。

征集范围：

（一）纸质物件

1. 相关票据（原件），如股票、公债等。

2. 相关文稿、文件（原件），如政策文件、条例或章程等。

3. 相关纸质史料，如手稿、报刊、图书等。

（二）实物物件

反映相关时期社会金融活动、金融成果与红色革命的实物物件。

（三）影像资料

反映相关时期社会金融活动、金融成果与红色革命的照片、录音、录像等历史影像资料。

征集方法：

（一）严格按照《中华人民共和国文物保护法》《中华人民共和国文物保护法实施条例》《博物馆条例》，以及我国知识产权保护等相关法律法规进行。

（二）展品均系无偿捐赠。

（三）建议捐赠者提供相应的文字说明。纸质物件与实物物件的文字说明可包括所有人、来源、类型、质地、事件等基本要素；摄影、摄像作品的文字说明可包括作者、名称、拍摄时间、地点、人物、事件等基本要素。

（四）经过鉴选决定收藏后，博物馆将为捐赠文物的单位和个人颁发捐赠证书。

（五）截止时间：自本公告发布之日起向社会征集并长期有效。

联系方式：

联系人：朱老师（021-68607528）
胡老师（021-68607621）
地址：上海市虹口区黄浦路15号
邮箱：yuehu@sse.com.cn
邮政编码：200080

中国证券博物馆

《中国证券博物馆》征稿启事

《中国证券博物馆》由中国证券博物馆主办、中国金融出版社出版，旨在记录中国资本市场发展历程及重大事件，留存亲历者第一手回忆性文字，推广证券期货历史文化研究课题成果，交流博物馆文化事业发展，发布中国证券博物馆资料库建设阶段性进展。主要栏目有：人物访谈、证博特稿、风云笔谈、专题研究、文博论坛、藏品撷英等。欢迎海内外专家学者及市场亲历者踊跃投稿。

来稿要求：

一、凡涉及资本市场发展历程，证券期货及博物馆文化、历史、教育的文稿均可，要求论述明确，尊重历史，层次清晰，行文规范，资料翔实、准确、系统。文章应不涉及保密，署名无争议。

二、来稿字数不限，建议文章配三至五张图表或照片（均请注明名称和来源）。稿件格式准确，参考文献按照 GB/T7714-2005 标准，采用脚注，每页连续编号，文章注释的内容依次为：作者、书名、卷册、出版社、出版年份、页码；图片格式为JPG，分辨率应不低于 300dpi。请附上作者简介及联系方式。

三、编辑部根据发文要求，有可能对来稿酌情删改，如不同意，务请注明。

四、来稿一经刊用即致稿酬，并赠样书两本。未刊用稿件恕不退回。

联系方式：

联系人：张老师

联系电话：021-68607522

投稿信箱：yongzhang2@sse.com.cn

通信地址：上海市虹口区黄浦路 15 号《中国证券博物馆》编辑部

邮政编码：200080

——《中国证券博物馆》编辑部